गुमाने

क्या हो गईं अपनी वादागाहें
हर चीज़ बदल गई यहाँ तो
मैं शह्रे-वफ़ा से आ रहा हूँ
कोई भी नहीं मिला वहाँ तो

गुमान

जॉन एलिया

अकादमी-अदबीयात पाकिस्तान
से 2004 में अवार्डयाफ़्ता शायर

सम्पादक
डॉ. कुमार विश्वास

वाणी प्रकाशन

प्रकाशन के उत्कृष्टतम 62 वर्ष

पेपरबैक पहला संस्करण : 2025

vaniprakashan.com

वाणी प्रकाशन

4695, 21-ए, दरियागंज, नयी दिल्ली-110 002
फ़ोन : + 91 11 23273167, 23275710

शाखाएँ

अशोक राजपथ, पटना-800 004, बिहार
कॉफ़ी हाउस कैम्पस, महात्मा गांधी मार्ग, प्रयागराज-211 001, उत्तर प्रदेश
महात्मा गांधी अन्तरराष्ट्रीय हिन्दी विश्वविद्यालय, वर्धा-442 001, महाराष्ट्र

sales@vaniprakashan.in
vaniprakashan@gmail.com

GUMAAN
by Jon (Jaun) Elia
Edited by Dr. Kumar Vishwas
Transliteration Deepak Ruhani

ISBN : 978-93-90678-10-5
Ghazal/Nazm

मूल्य : ₹ 299

सिटी प्रेस, दिल्ली-110 095 में मुद्रित

वाणी प्रकाशन का लोगो मक़बूल फ़िदा हुसैन की कूची से

इन्तिसाब

उस यक़ीन के नाम

जो क़ारईन

की शेर–शनासी पर है

भूमिका

जॉन एलिया की पाठकीयता को विस्तार देने एवं लोक की अभिव्यक्ति को शब्द देने में सक्षम उनके अशआरों की प्रामाणिकता सुनिश्चित करने के उद्देश्य से मेरे द्वारा सम्पादित उनके काव्य-संग्रह 'लेकिन' को हिन्दी-उर्दू के आप सभी पाठकों ने जिस तरह से सराहा है उसके लिए मैं सभी पाठकों के प्रति कृतज्ञ हूँ। जॉन एलिया की शायरी में कथ्य इतना स्पष्ट और मुखर है कि उसे प्रस्तुत करने के लिए किसी विशेष भूमिका की कोई ज़रूरत नहीं बचती है। जीवन के विविध रंगों को अपनी दृष्टि का स्पर्श देकर सम्मोहन का एक विस्तृत वितान रचने वाले जॉन अपनी ग़ज़लों में आपबीती और जगबीती का एक ऐसा सुन्दर संयोग रचते हैं जो सुख़न-शनासों से लेकर सामान्य जनता तक सबको समान रूप से लुभाता है। हर तरफ़ सौदों से भरे बाज़ारवादी युग में काव्य-संवेदना के नाज़ुक अस्तित्व को बचाये रखने के क्रम में वक़्त से लड़ते हुए जहाँ वो एक ओर ख़्वाब तक के बेचने की हालत बयान करते हैं तो वहीं उसी ग़ज़ल के दूसरे शेर में इस ओर भी इशारा करते हैं कि यह पीड़ा उनका निजी ग़म नहीं है बल्कि यह रौशन शहरों के भीतर बसे लोगों के मन के उन अँधेरों का कठोर सच है जिसके कारण दर्द और ख़राब हालत जैसी संवेदना को भी बाज़ार की वस्तु समझा जाता है।

और तो क्या था बेचने के लिए
अपनी आँखों के ख़्वाब बेचे हैं

शहर में हम ख़राब हालों ने
हाल अपने ख़राब बेचे हैं

किसी भी रचना की सार्थकता रचनाकार की दृष्टि की सामर्थ्य से तय होती है। जॉन की दृष्टि संवेदना के हर फलक को छूती नज़र आती है। इश्क़ के हवाले से नाकाम होने के बावजूद बेहद शिद्दत भरे आशिक़ की तरह बात करते जॉन कभी हिन्दुस्तान विभाजन के बाद पाकिस्तान जाने पर दुःख जताते हैं तो कभी मज़हब के नाम पर हो रहे उत्पात पर स्पष्ट रूप से हैरत जताते हैं। ग़ज़ल की एक ही ज़मीन पर इतने मुख़्तलिफ़ विषयों को उठाते हुए अपने ख़यालों को इतनी बेबाकी से रख देने का सलीक़ा उनके लेखन को हर वर्ग तक पहुँचने की ताक़त देता है।

नयी ख़्वाहिश रचाई जा रही है,
तेरी फुरकत मनाई जा रही है

वो शय जो सिर्फ़ हिन्दुस्तान की थी
वो पाकिस्तान लायी जा रही है

कहाँ का दीन कैसा दीन क्या दीन
ये क्या गड़बड़ मचाई जा रही है

मेरा मानना है कि कविताओं और ग़ज़लों की व्याख्या एक सामान्य पाठक के सामने काव्य में छिपे कुछ गम्भीर अर्थों को बड़ी सहजता के साथ प्रकट तो अवश्य कर देती है लेकिन वही व्याख्या कई बार सहृदय पाठकों और कवियों के बीच उस मौलिक सम्बन्ध को बाधित भी करने लगती है जो केवल कविता और हर नये पाठक के बीच स्थापित होकर हर बार अर्थों का एक वैशिष्ट्य सुनिश्चित करती है। अतः 'लेकिन' के बाद 'गुमान' के नाम से अपने महबूब शायर जॉन के ये सभी अशआर उनको चाहने वाले आप सभी सुख़नवरों को बग़ैर किसी ख़ास भूमिका के इस आशा के साथ समर्पित कर रहा हूँ कि जॉन और आपका यह रिश्ता मेरे चश्मे के बजाये फ़क़त उनकी ग़ज़लों के हवाले से बने। मेरा गुमान है कि यह 'गुमान' भी आपको 'लेकिन' की तरह ही पसन्द आयेगा।

— डॉ. कुमार विश्वास

चंद बातें

नब्बे–इक्यानवे के दिनों में हम चंद[1] दोस्तों के दरमियान जॉन एलिया की किताब 'शायद' मौज़ू–ए–गुफ़्तगू बनी रहती थी। उसमें लिखा 'जॉन' वाला दीबाचा 'नियाज़मन्दाना' और शायरी दोनों ही हमारे लिए इन्तिहाई चौंका देने वाले थे। न तो हमने ऐसी नस्र पढ़ी थी और न ही शायरी। हम पहरों उस किताब के मुन्फरिद लहजे के सिहर में डूबे उसमें उठाये जाने वाले मुतअद्दिद कायनाती–ओ–फ़लसफ़ियाना सवालात पर गुफ़्तगू करते रहते थे। यक़ीनन उस किताब का मुसन्निफ़ हमारे लिए असातीरी शख़्सियत का दर्जा रखता था।

उन्हीं दिनों हमारी मुलाक़ात एक नौजवान जावेद आदर्श (मानी) (उनको हम जावेद भाई कहा करते थे) से हुई। इन्तिहाई दुबला–पतला, क़रीब की नज़र की ऐनक लगाये ये नौजवान बला का मुताअले का शौक़ीन और शायर था। चंद ही मुलाक़ातों के बाद हमें मालूम हुआ कि ये जॉन एलिया के शर्गिद हैं और उनसे इस्लाह भी लिया करते हैं। हमने फ़ौरन जावेद भाई से जॉन एलिया से मुलाक़ात कराने की दरख़्वास्त कर दी। उन्होंने कहा यार ये तो कोई मस्अला ही नहीं है, हर हफ़्ते की शब में जॉन भाई को फ़्लैट पर ले आता हूँ, रात वो उधर ही क़याम करते हैं और अगले रोज़ शाम तक रहते हैं। तुम लोग ऐसा करो

---

1. सैयद उमार साजिद, आग़ा वसीम, सुहैल फ़ैंसी और मैं।

कि हफ़्ते की रात को मेरे फ़्लैट पर आ जाओ, मुलाक़ात हो जायेगी। इस तरह से हमारा तअर्रुफ़ सैदी जॉन एलिया से हुआ और हमारी हैयत-ए-तरकीब कुछ इस तरह से ज़हूर-पज़ीर हुई जैसे फ़न-ए-कीमिया में नामयाती अज्ज़ा की। सो नौजवानी के वो दिन, ख़यालो-ओ-ख़्वाब के दिन, जॉन भाई के नाम हो गए।

हर शाम धूप ढले हम जॉन भाई को घेर लेते और न जाने कहाँ-कहाँ से और कौन-कौन से मौज़ूआत हमारी गुफ़्तगू बनने लगे।

उसी ज़माने में जावेद भाई ने जॉन एलिया के बिखरे कलाम को समेटने का बीड़ा उठाया। उनकी ख़्वाहिश थी कि जॉन भाई की हर साल एक किताब शाए की जाये (जॉन एलिया के रफ़क़ा में उनसे इतना ज़्यादा मुख़्लिस और मुहब्बत करनेवाला मैंने कोई और शख़्स नहीं देखा)। रजिस्टरों पर उनके कलाम को मुन्तक़िल करने का काम मेरे और जावेद भाई की भाभी अस्मा वली के सुपुर्द हुआ। हमने रात-दिन का शुमार किये बग़ैर उनके कलाम का बड़ा हिस्सा रजिस्टरों पर मुन्तक़िल कर दिया, लेकिन आगे ज़िंदगी क्या दाँव चलने वाली थी हम उससे क़तई बेख़बर थे—

'जॉन' इस आन तक बख़ैर हूँ मैं
ज़िंदगी दाँव चल गयी होगी

हमारे अज़ीज़तरीन दोस्त जावेद आदर्श (मानी) को अचानक कैंसर तशख़ीस हुआ और वो सिर्फ़ दो माह की मुख़्तसर Chemotherapy के दौरान अपनी ज़िंदगी हार गया।[1] उसकी

---

1. जावेद भाई की वफ़ात पर जॉन एलिया ने मर्सिया भी कहा था जो अक्टूबर 1995 को रोज़नामा 'जंग' में शाए हुआ था। उस मर्सिया 'ज़ह्रे-नाब का दिन' को इस किताब में शामिल किया गया है।

मौत इस क़दर शदीद सानेहा थी, जिससे हम सब टूट-फूट कर रह गए। जॉन भाई के कलाम की इशाअत के हमारे सारे मंसूबे दरहम-बरहम हो गए। जॉन भाई, जो वैसे ही बिखरे हुए थे और बिखर गए।

उसी दौरान जॉन भाई से वो मकान भी छूट गया जिसे वो सारी ज़िंदगी घर नहीं बना सके। हिजरत के उन दिनों में हम सबका राब्ता जॉन भाई से मुन्क़ते हो गया और सच तो ये है कि जावेद भाई की मौत के बाद फिर उसी तरह की नशिस्तें और मुलाक़ातें उसके बग़ैर करने की हममें हिम्मत नहीं रही।

जॉन भाई से क़ुर्बतों का दूसरा दौर गुज़िश्ता हज़ारिये के इख़्तिताम से लेकर उनकी ज़िंदगी के आख़िरी दिन तक मुश्तमिल है। जब मुझे ये मालूम हुआ कि जॉन भाई हमारे ही मुहल्ले में अल्लामा अली कर्रार नक़्वी के घर क़यामपज़ीर हैं तो एक शाम मैं और आग़ा वसीम उनसे मुलाक़ात के लिए वहाँ पहुँच गए।

इतने सालों के बाद अचानक हमें देखकर जॉन भाई हैरान रह गए और कहने लगे- 'जानी तुम लोग आये नहीं हो तुम्हें भेजा गया है।' इस तरह से जॉन भाई से तज्दीदपैमाँ हुआ और यूँ एक बार फिर सुब्ह-ओ-शाम जॉन भाई की मुहब्बत का हदफ़ बन गए। जॉन भाई के आख़िरी दो सालों में सिर्फ़ मैं और आग़ा वसीम उनके रोज़ के मुलाक़ाती थे।

---

1. बाद में उस सरे-वरक़ को 'गुमान' पर दिया गया। 2. इससे मुराद वो तमाम कलाम है जो जॉन एलिया ने हमारे सुपुर्द कया था। हो सकता है इसके अलावा भी जॉन एलिया का कलाम किसी और के पास मौजूद हो।* ये सरे-वरक (cover page) से सम्बन्धित सम्पूर्ण सन्दर्भ मूल उर्दू किताबों से सम्बन्धित है।

ये दिन जॉन एलिया के लिए अज़ाब के दिन थे। ज़िंदगी की सारी ख़्वाहिशें तर्क करके जॉन भाई कमरानशीन हो गए थे। ख़्वाब देखनेवाला, सोचनेवाला, ख़्वाबों से किनाराकश हो गया था। जॉन भाई उन दिनों एक जुम्ला बहुत बोलते थे– 'जानी अब कोई लौंडिया हमसे इश्क़ नहीं करती'। यानी जॉन एलिया के ख़्वाब, नातमाम ख़्वाब तमाम हो चुके थे। जॉन भाई के उन आख़िरी दिनों का मै मुकम्मल हमराज़ हूँ, जिस पर कभी मैं तफ़्सील से लिखूँगा।

उन्हीं दिनों मैंने फिर से जॉन भाई के कलाम को रजिस्टरों पर मुन्तक़िल करना शुरू कर दिया। साथ ही मैंने जॉन भाई के वो पचपन ख़त जो उन्होंने ज़ाहिदा बाजी के नाम लिखे थे फ़ेयर और मुरत्तब किये। वो रजिस्टर जिन पर मैंने और अस्मा भाभी ने कलाम मुन्तक़िल किया था इन्तिहाई ख़स्ता हालत में थे और चंद ग़ायब भी थे।

जब मैंने जॉन भाई से उन रजिस्टरों की हालत का शिकवा किया तो उन्होंने कहा कि 'यार ये तू अपने घर ही ले जा और फिर से इनको तरतीब दे।'और यूँ एक बारेगराँ की ज़िम्मेदारी मुझपे आ गयी। जॉन भाई की दूसरी किताब 'यानी' उन्हीं दिनों मुकम्मल हुई थी और तबाअत के मरहले में जाने के लिए तैयार थी।

जॉन भाई अपनी इस किताब को किस तरह देखना चाहते थे और किस अंदाज़ में जलवापज़ीर हुई ये एक अलग बहस है, लेकिन जिस तरह से उसके दीबाचे में जॉन एलिया के कलाम के ग़ायब होने से मुताल्लिक़ एक पुरअसरार अनहोनी और ड्रामाई कहानी को पेश किया गया और साथ–ही–साथ ऐसे अश्ख़ास का जॉन एलिया की तरफ़ से शुक्रिया अदा किया गया, जिनका दूर–दूर तक इस किताब से वास्ता नहीं था, इन्तिहाई शर्मनाक है।

'यानी' की तश्कील–ओ–इशाअत में मेरा क्या किरदार था इस सिलसिले में सिर्फ़ ये कहना चाहता हूँ कि उस किताब का सर–वरक़ तक मेरा बनाया हुआ और जॉन भाई का मुन्तख़बकर्दा था, लेकिन उस सरे–वरक़ को रद् करके 'यानी' पर मौजूद सर–वरक़ को तरजीह दी गयी, जिसके बारे में जॉन भाई की राय थी कि– "ये तो फ़ानी के कलाम का टाइटल होना चाहिए या फिर हमारे पीरो–ओ–मुर्शिद बहादुर शाह ज़फ़र के कलाम का। जानी हमारे कलाम में तो हर तरह का रंग है।"*

जॉन एलिया के मुकम्मल कलाम की इशाअत हमारे मोहतरम दोस्त जावेद आदर्श (मानी) का देरीना ख़्वाब था, जो उसने हम सबके साथ मिलकर देखा था और इस सिलसिले में अमली काम का बाक़ायदा आग़ाज़ बरसों क़ब्ल शुरू किया था, वो अब शर्मिन्दा–ए–ताबीर होने जा रहा है। उस सिलसिले की पहली किताब नज्र–ए–कारईन है।

मेरी ख़्वाहिश थी कि जॉन एलिया के कलाम की 'जौनियत'(ये इस्तिलाह सैयद सलीम साजिद की अता है) अपनी भरपूर तवानाई के साथ मंज़र–ए–आम पर आये। वो 'जौनियत' जो उनको तमाम शोअरा से बहुत ही अलग और मुन्फ़रिद मक़ाम पर आरास्ता कर चुकी है। इस कोशिश में कितना कामयाब रहा हूँ इसका . फैसला क़ारईन करेंगे।

इस मजमूए की इशाअत के सिलसिले में जॉन भाई के अहले–ख़ाना का निहायत शुक्रगुज़ार हूँ। जिन्होंने उनके कलाम की इशाअत में हर मुमिकन तआवुन किया। ख़ास तौर पर जॉन भाई के साहबज़ादे ज़रयून का, जिसकी कोशिशों और ख़ुसूसी दिलचस्पी से ये अहम काम पाया–ए–तक्मील को पहुँचा।

आख़िर में मोहतरम जनाब सैयद हसन आबिद का शुक्रिया अदा करना चाहता हूँ जिन्होंने इस कलाम के सिलसिले में मेरी रहनुमाई की ख़ुसूसन सैयद सलीम साजिद (करन भाई) का बेहद मश्कूर हूँ जिन्होंने अपने इन्तिहाई मसरूफ़ औक़ाते-ए-कार में इस कलाम को देखा और मुफ़ीद मश्विरों से नवाज़ा। साथ ही आग़ा वसीम सुहैल फ़ैंसी और उमर ज़मान का भी शुक्रिया अदा करना चाहता हूँ जिनकी रहनुमाई और मश्विरे इस अहम काम की तक्मील में मेरे साथ थे।

ख़ालिद अहमद अंसारी

इशारिया

ग़ज़लें

दो ग़ज़ला...

दो ग़ज़ला...

दो ग़ज़ला...

नज़्में

क़त'आत (मुक्तक)

ग़ज़लें

फ़ुरक़त[1] में वस्लत[2] बरपा[3] है, अल्ला–हू के बाड़े में
आशा–ओ–वहदत[4] बरपा है, अल्ला–हू के बाड़े में

रूह–ए–कुल[5] से सब रूहों पर वस्ल की हसरत तारी है
इक सिर्र–ए–हिकमत[6] बरपा है, अल्ला–हू के बाड़े में

बेअहवाली की हालत है शायद या शायद कि नहीं
पुर अहवालीयत बरपा है, अल्लाह हू के बाड़े में

मुख़्तारी[7] के लब 'सिलवाना' जब्र[8] अजबतर ठहरा है
हैजान–ए–ग़ैरत[9] बरपा है, अल्ला हू के बाड़े में

बाबा अलिफ़ इरशादकुनाँ हैं पेश–ए–अदम के बारे में[10]
हैरत–ए–बेहैरत बरपा है, अल्ला हू के बाड़े में

---

1. वियोग, 2. मिलन, 3. उपस्थित, क़ायम, 4. अकेलेपन की उथल-पुथल, अल्लाह द्वारा की जानेवाली उथल-पुथल, 5. ईश्वर, विश्वात्मा, 6. दार्शनिक रहस्य, गूढ़ ज्ञान, 7. स्वतंत्रता, ईश्वर के अतिरिक्त सारा संसार, 8. ज़ुल्मो- सितम,यह सिद्धांत कि मनुष्य नितांत बेबस है जो कुछ करता है ईश्वर है, 9. मान-सम्मान की गड़बड़ी, लाज-शर्म से संबंधित अशांति और बेचैनी, 10. अल्लाह का परलोक के बारे में बताना या परलोक का निर्माण करना।

मानी हैं लफ़्ज़ों से बरहम 'क़हर-ए-ख़मोशि-ए-आलम' है
एक अजब हुज्जत[1] बरपा है, अल्ला हू के बाड़े में

मौजूदी से इन्कारी है अपनी ज़िद[2] में नाज़-ए-वुजूद[3]
हालत-सी हालत बरपा है, अल्ला हू के बाड़े में

---

1. तर्क-वितर्क, तू-तू मैं-मैं, 2. हठ, बरअक्स, 3. मौजूदगी पर फ़ख़्र, अस्तित्व का अभिमान।

क्या यक़ीं और क्या गुमाँ[1] चुप रह
शाम का वक़्त है मियाँ, चुप रह

हो गया क़िस्स-ए-वुजूद तमाम
है अब आग़ाज़-ए-दास्ताँ, चुप रह

मैं तो पहले ही जा चुका हूँ कहीं
तू भी जानाँ नहीं यहाँ, चुप रह

तू अब आया है हाल में अपने
जब ज़मीं है न आस्माँ, चुप रह

तू जहाँ था जहाँ-जहाँ था कभी
तू भी अब तू नहीं वहाँ, चुप रह

ज़िक्र छेड़ा ख़ुदा का फिर तूने
याँ है इंसाँ भी रायगाँ[2], चुप रह

सारा सौदा[3] निकाल दे सर से
अब नहीं कोई आस्ताँ[4], चुप रह

---

1. शंका, शक, भ्रम, वह्म, बदगुमानी, कुधारणा, 2. व्यर्थ, 3. पागलपन, इश्क़, 4. चौखट, किसी वली के रहने का स्थान या ख़ानक़ाह।

अहरमन[1] हो, ख़ुदा हो या आदम
हो चुका सबका इम्तिहाँ, चुप रह

दरमियानी ही अब सभी कुछ है
तू नहीं अपने दरमियाँ, चुप रह

अब कोई बात तेरी बात नहीं
नहीं तेरी, तेरी ज़बाँ, चुप रह

है यहाँ ज़िक्र-ए-हाले-मौजूदाँ
तू है अब अज़ गुज़िश्तगाँ[2], चुप रह

हिज्र की जाँकनी[3] तमाम हुई
दिल हुआ 'जॉन' बेइमाँ, चुप रह

---

1. ईरान के आतिशपरस्तों के मतानुसार 'बदी' का ख़ुदा, 2. गुज़श्ता का बहुवचन, गुज़रे हुए लोग, 3. शरीर से प्राण निकलने की अवस्था, यम-यातना।

अपनी मंज़िल का रास्ता भेजो
जान हमको वहाँ बुला भेजो

क्या हमारा नहीं रहा सावन
ज़ुल्फ़ याँ भी कोई घटा भेजो

नई कलियाँ जो अब खिली हैं वहाँ
उनकी ख़ुश्बू को इक ज़रा भेजो

हम न जीते हैं औ न मरते हैं
दर्द भेजो न तुम दवा भेजो

धूल उड़ती है जो उस आँगन में
उसको भेजो सबा-सबा[1] भेजो

ऐ फ़क़ीरो! गली के उस गुल की
तुम हमें अपनी ख़ाक-ए-पा[2] भेजो

---

1. पुरवाई, शीतल-मंद-सुगंध बयार, 2. पैरों की धूल।

शफ़क़-ए-शाम-ए-हिज्र[1] के हाथों
अपनी उतरी हुई क़बा[2] भेजो

कुछ तो रिश्ता है तुमसे कमबख़्तो!
कुछ नहीं, कोई बद्दुआ भेजो

1. वियोग के शाम की लालिमा, 2. चोगा, गाउन।

उसने हमको गुमान में रक्खा
और फिर कम ही ध्यान में रक्खा

क्या क़यामत नुमू[1] थी वो जिसने
हश्र उसकी उठान में रक्खा

जोशिश-ए-ख़ूँ[2] ने अपने फ़न का हिसाब
एक चोब[3], इक चटान में रक्खा

लम्हे-लम्हे की अपनी थी इक शान
तूने ही एक शान में रक्खा

हमने पैहम[4] क़ुबूल-ओ-रद् करके
उसको एक इम्तिहान में रक्खा

तुम तो उस याद की अमान[5] में हो
उसको किसकी अमान में रक्खा

अपना रिश्ता ज़मीं से ही रक्खो
कुछ नहीं आसमान में रक्खा

---

1. उगना-बढ़ना, विकसित होना, 2. ख़ून का उबाल या उफ़ान, उत्साह और तीव्रता के र्थ में प्रयुक्त, 3. लकड़ी, काष्ठ, 4. लगातार, अनवरत, 5. हिफ़ाज़त।

हम तेरा हिज्र[1] मनाने के लिए निकले हैं
शहर में आग लगाने के लिए निकले हैं

शहर-कूचों में करो हश्र बपा आज कि हम
उसके वादों को भुलाने के लिए निकले हैं

हमसे जो रूठ गया है वो बहुत है मासूम
हम तो औरों को मनाने लिए निकले हैं

शहर में शोर है, वो यूँ कि गुमाँ के सफ़री[2]
अपने ही आप में आने के लिए निकले हैं

वो जो थे शहरे-तहय्युर[3] तेरे पुरफ़न[4] मेमार[5]
वही पुरफ़न तुझे ढाने के लिए निकले हैं

रहगुज़र में तेरी क़ालीन बिछाने वाले
ख़ून का फ़र्श बिछाने के लिए निकले हैं

---

1. विरह, 2. सफ़र से संबंधित, यात्री, 3. शहर भर के लिए तअज्जुब या आश्चर्य, 4. छलपूर्ण, धूर्त, मक्कार, 5. निर्माण, निर्मिति।

हमें करना है ख़ुदावंद की इमदाद[1], सो हम
दैर-ओ-काबा[2] को लड़ाने के लिए निकले हैं

सर-ए-शब इक नई तम्सील[3] बपा होनी है
और हम पर्दा उठाने के लिए निकले हैं

हमें सेराब[4] नई नस्ल को करना है, सो हम
ख़ून में अपने नहाने के लिए निकले हैं

हम कहीं के भी नहीं पर ये है रूदाद[5] अपनी
हम कहीं से भी न जाने के लिए निकले हैं

---

1. मदद, 2. बुतख़ाना और काबा, 3. उपमा, समरूपता, 4. सींचना, 5. वृत्तांत, हाल।

ख़ुद से रिश्ते रहे कहाँ उनके
ग़म तो जाने थे रायगाँ[1] उनके

मस्त उनको गुमाँ में रहने दे
ख़ाना–बर्बाद[2] हैं गुमाँ उनके

यार सुख–नींद हो नसीब उनको
दुख ये है, दुख हैं बेअमाँ[3] उनके

कितनी सरसब्ज़[4] थी ज़मीं उनकी
कितने नीले थे आस्माँ उनके

नौहाख़्वानी[5] है क्या ज़रूर उन्हें
उनके नग़में हैं नौहाख़्वाँ उनके

---

1. व्यर्थ, निरर्थक, 2. ख़ानाख़राब, जिसका घरबार और धन इत्यादि नष्ट हो चुका हो, अभागा, 3. असुरक्षित, 4. हरी-भरी, 5. मृतक के लिए विलाप।

ज़ख़्म-ए-उम्मीद भर गया कब का
क़ैस[1] तो अपने घर गया कब का

अब तो मुँह अपना मत दिखाओ मुझे
नासेहो[2]! मैं सुधर गया कब का

आप अब पूछने को आए हैं
दिल मेरी जान मर गया कब का

आप इक और नींद ले लीजे
क़ाफ़िला कूच कर गया कब का

मेरा फ़ेहरिस्त से निकाल दो नाम
मैं तो ख़ुद से मुकर गया कब का

1. मजनूँ, 2. नसीहत करनेवालो।

कब उसका विसाल चाहिए था
बस एक ख़याल चाहिए था

कब दिल को जवाब से ग़रज़ थी
होंठों को सवाल चाहिए था

शौक़ एक नफ़स[1] था और वफ़ा को
पास-ए-मह-ओ-साल[2] चाहिए था

इक चेह्र-ए-सादा था जो हमको
बेमिस्ल-ओ-मिसाल[3] चाहिए था

इक कर्ब में ज़ात-ओ-ज़िंदगी हैं
मुम्किन को मुहाल[4] चाहिए था

मैं क्या हूँ बस इक मलाल-ए-माज़ी[5]
उस शख़्स को हाल चाहिए था

---

1. पल, लम्हा, 2. साल और महीनों का समय, 3. अद्वितीय, अनुपम, 4. असंभव, नामुम्किन, 5. अतीत का दुख या पश्चाताप।

हम तुम जो बिछड़ गए हैं, हमको
कुछ दिन तो मलाल चाहिए था

वो जिस्म, जमाल[1] था सरापा[2]
और मुझको जमाल चाहिए था

वो शोख़-ए-रमीदा[3] मुझको अपनी
बाँहों में निढाल चाहिए था

था वो जो कमाल, शौक़-ए-वस्लत
ख़्वाहिश को ज़वाल[4] चाहिए था

जो लम्हा-ब-लम्हा मिल रहा है
वो साल-ब-साल चाहिए था

---

1. सौंदर्य या सुंदरता, रूप, 2. नख-शिख, सर से पाँव तक, 3. चंचलता से इधर-उधर भागनेवाला, 4. ह्रास, कमी, अवनति।

तुमसे भी अब तो जा चुका हूँ मैं
दूरहा-दूर आ चुका हूँ मैं

ये बहुत ग़म की बात हो शायद
अब तो ग़म भी गँवा चुका हूँ मैं

इस गुमान-ए-गुमाँ के आलम में
आख़िरश क्या भुला चुका हूँ मैं

अब बबर शेर इश्तिहा[1] है मेरी
शायरों को तो खा चुका हूँ मैं

मैं हूँ मेमार[2] पर ये बतला दूँ
शहर के शहर ढा चुका हूँ मैं

हाल है इक अजब फ़राग़त[3] का
अपना हर ग़म मना चुका हूँ मैं

---

1. भूख, ख़्वाहिश, रुचि, 2. निर्माण, 3. मुक्ति, छुटकारा।

लोग कहते हैं मैंने जोग लिया
और धूनी रमा चुका हूँ मैं

नहीं इमला दुरुस्त ‘ग़ालिब’ का
‘शेफ़्ता’[4] को बता चुका हूँ मैं

1. ग़ालिब के समकालीन एक शायर।

तिश्नगी[1] ने सराब[2] ही लिक्खा
ख़्वाब देखा था ख़्वाब ही लिक्खा

हमने लिक्खा निसाब-ए-तीराशबी[3]
और बसद आब-ओ-ताब[4] ही लिक्खा

मुंशियान-ए-शहूद[5] ने ता हाल
ज़िक्र-ए-ग़ैब-ओ-हिजाब[6] ही लिक्खा

न रखा हमने बेश-ओ-कम का ख़याल
शौक़ को बेहिसाब ही लिक्खा

दोस्तो! हमने अपना हाल उसे
जब भी लिक्खा ख़राब ही लिक्खा

न लिखा उसने कोई भी मक्तूब[7]
फिर भी हमने जवाब ही लिक्खा

हमने इस शहर-ए-दीनो-दौलत में
मसख़रों[8] को जनाब ही लिक्खा

---

1. प्यास, तृष्णा, 2. मृगतृष्णा, 3. अँधेरी रात के बारे में, अँधेरी रात का पाठ्यक्रम, 4. सैकड़ों चमक-दमक से, सौ-सौ शानो-शौकत से, 5. प्रत्यक्ष देखनेवाले, ख़ुदा का दीदार करनेवाले, 6. अप्रत्यक्षता का ज़िक्र, प्रारब्ध या नियति का उल्लेख, 7. पत्र, चिट्ठी, 8. विदूषक, जोकर।

मुझको तो गिरके मरना है
बाक़ी को क्या करना है

शहर है चेहरों की तम्सील[1]
सबका रंग उतरना है

वक़्त है वो नाटक जिसमें
सबको डराकर डरना है

मेरे नक़्श-ए-सानी[2] को
मुझमें ही से उभरना है

कैसी तलाफ़ी[3] क्या तदबीर[4]
करना है और भरना है

जो नहीं गुज़रा है अब तक
वो लम्हा तो गुज़रना है

---

1. उपमा, समानता, 2. वह चित्र जो चित्रकार का दूसरा प्रयास होता है और जो पहले चित्र की अपेक्षा बहुत सुंदर और कलापूर्ण होता है, 3. क्षतिपूर्ति, नुक़्सान का बदला, 4. उपाय, तरकीब, प्रयत्न।

अपने गुमाँ का रंग था मैं
अब ये रंग बिखरना है

हम दो–पाये हैं सो हमें
मेज़ पे जाकर चरना है

चाहे हम कुछ भी कर लें
हम ऐसों को सुधरना है

हम तुम हैं इक लम्हे के
फिर भी वादा करना है

एक गुमाँ का हाल है और फ़क़त गुमाँ में है
किसने अज़ाब-ए-जाँ[1] सहा, कौन अज़ाब-ए-जाँ में है

लम्हा ब लम्हा, दम-ब-दम, आन-ब -आन[2], रम ब रम[3]
मैं भी गुज़श्तगाँ में हूँ तू भी गुज़श्तगाँ में है

आदम-ओ-जात-ए-किब्रिया[4] कर्ब[5] में हैं जुदा-जुदा
क्या कहूँ उनका माजरा जो भी है इम्तिहाँ में है

शाख़ से उड़ गया परिन्द, है दिल-ए-शाम-ए-दर्दमंद
सेहन[6] में है मलाल-सा, हुज़्न-सा[7] आस्माँ में है

ख़ुद में भी बेअमाँ हूँ मैं, तुझमें भी बेअमाँ हूँ मैं
कौन सहेगा उसका ग़म, वो जो मेरी अमाँ[8] में है

कैसा हिसाब, क्या हिसाब, हालत-ए-हाल है अज़ाब
ज़ख़्म नफ़स-नफ़स में है, ज़हर ज़माँ-ज़माँ[9] में है

---

1. प्राण-यातना, 2. क्षण-प्रतिक्षण, 3. डर-ही-डर, भागना-ही-भागना, 4. मनुष्य और स्वयं ईश्वर, 5. व्याकुलता, दुख, 6. आँगन, 7. रंज या संताप जैसा, 8. हिफ़ाज़त, पनाह, 9. ज़माना, काल।

उसका फ़िराक़[1] भी ज़ियाँ[2], उसका विसाल भी ज़ियाँ
एक अजीब कश्मकश हल्क़-ए-बेदिलाँ में है

बूद-ओ-नबूद[3] का हिसाब मैं नहीं जानता मगर
सारे वुजूद की 'नहीं ' मेरे अदम की 'हाँ' में है

1. विरह, वियोग, 2. हानिकर, घाटे का, 3. अस्तित्व-अनस्तित्व।

अजब इक तौर है जो हम सितम-ईजाद[1] रखें
कि न उस शख़्स को भूलें न उसे याद रखें

अहद[2] इस कूच-ए-दिल से है, सो इस कूचे में
है कोई अपनी जगह हम जिसे बर्बाद रखें

क्या कहें कितने ही नुक़्ते[3] हैं जो बरते न गए
ख़ुशबदन[4] इश्क़ करें और हमें उस्ताद रखें

बेसुतूँ[5] एक नवाही[6] में है शहर-ए-दिल की
तेशा[7] इनआम करें और कोई फ़रहाद रखें

आशियाना कोई अपना नहीं पर शौक़ ये है
इक क़फ़स[8] लाएँ कहीं से कोई सैयाद रखें

हमको अन्फ़ास[9] की अपने है इमारत करनी
इस इमारत की लबों पर तेरे बुनियाद रखें

---

1. सितम पैदा करना, कष्ट की स्थिति, 2. वादा, 3. तह की बात, बारीकी, मर्म, 4. सुंदर बदनवाला, 5. एक पहाड़ जिसे फ़रहाद ने काटा था, 6. शहर के चारों ओर, 7. पहाड़ काटने का कुदाल जैसा औज़ार, 8. क़ैदख़ाना, 9. 'नफ़स' का बहुवचन, साँसें।

शाम थी और बर्ग-ओ-गुल[1] शल[2] थे मगर सबा भी थी
एक अजीब सुकूत[3] था, एक अजब सदा[4] भी थी

एक मलाल का-सा हाल महव[5] था अपने हाल में
रक़्स-ओ-नवा[6] थे बेतरफ़[7], महफ़िल-ए-शब बपा[8] भी थी

सामिअ-ए-सदा-ए-जाँ[9] बेसरोकार था कि था
एक गुमाँ की दास्ताँ बर-लब-ए-नीमवा[10] भी थी

क्या मह-ओ-साल-ए-माजरा[11], एक पलक थी जो मियाँ
बात की इब्तिदा भी थी, बात की इंतिहा भी थी

एक सुरूद-ए-रौशनी[12] नीम-ए-शब[13] का ख़्वाब था
एक ख़मोश तीरगी[14] सानिहा-आशना[15] भी थी

---

1. फूल-पत्ती, 2. ढीला, शिथिल, 3. मौन, ख़ामोशी, 4. आवाज़, 5. निहित, अंतर्निहित, 6. नृत्य और गान, 7. दिशाहीन, 8. उपस्थित, 9. जान की आवाज़ का (को) सुनना, प्राण की आवाज़ का श्रवण, 10. अधखुले होंठ, 11. वृत्तांतों या घटनाओं के महीने और साल, वृत्तांतों की अवधि, 12. रौशनी का गान, उजाले का गीत, 13. आधी रात, 14. अंधकार, अँधेरा, 15. घटना-दुर्घटना से परिचित, मुसीबत से वाक़िफ़, मुसीबत की दोस्त।

दिल तेरा पेश-ए-गिला[1] काम ख़राब कर गया
वरना तो एक रंज की हालत-ए-बेगिला भी थी

दिल के मुआमले जो थे उनमें से एक ये भी है
एक हवस थी दिल में जो दिल से गुरेज़-पा[2] भी थी

बाल-ओ-पर-ए-ख़याल[3] को अब नहीं सिम्त-ओ-सू[4] नसीब
पहले थी इक अजब फ़ज़ा और जो पुर फ़ज़ा भी थी

ख़ुश्क है चश्मासार-ए-जाँ[5] ज़र्द है सब्ज़ाज़ार-ए-दिल[6]
अब तो ये सोचिए कि याँ पहले कभी हवा भी थी

1. गिला का पेशा, गिला करने की आदत, 2. पलायनवादी, भगोड़ा, 3. ख़याल के बाज़ू और पर, 4. दिशा, मार्ग, 5. दिलवाले चश्मे (स्रोत), दिल के चश्मे, 6. दिल का हरा-भरा मैदान।

गुज़राँ[1] हैं गुज़रते रहते हैं
हम मियाँ जान मरते हैं

हाय जानाँ वो नाफ़[2] पियाला तेरा
दिल में बस घूँट उतरते रहते हैं

दिल का जलसा बिखर गया तो क्या
सारे जलसे बिखरते रहते हैं

यानी क्या कुछ भुला दिया हमने
अब तो हम ख़ुद से डरते रहते हैं

हमसे क्या-क्या ख़ुदा मुकरता है
हम ख़ुदा से मुकरते रहते हैं

है अजब उसका हाल-ए-हिज्र कि हम
गाह-ए-गाहे[3] सँवरते रहते हैं

दिल के सब ज़ख़्म पेशावर[4] हैं मियाँ
आनहा-आन[5] भरते रहते हैं

1. गुज़र जानेवाले, 2. नाभि, 3. कभी-कभी, यदा-कदा, 4. पेशेवर, 5. क्षण-प्रतिक्षण।

ऐ कू-ए-यार तेरे जमाने गुज़र गए
जो अपने घर से आये थे वो अपने घर गए

अब कौन ज़ख़्म-ओ-ज़ह्र से रक्खेगा सिलसिला
जीने की अब हवस है हमें, हम तो मर गए

अब क्या कहूँ कि सारा मुहल्ला है शर्मसार
मैं हूँ अज़ाब[1] में कि मेरे ज़ख़्म भर गए

हमने भी ज़िंदगी को तमाशा बना दिया
उससे गुज़र गए कभी ख़ुद से गुज़र गए

था रन[2] भी ज़िंदगी का अजब तुर्फ़ा-माजरा[3]
यानी उठे तो पाँव मगर 'जॉन' सर गए

1. कष्ट, पीड़ा, 2. जंग, संघर्ष, 3. अनोखा वाक़िआ, तअज्जुब की बात।

किसी से कोई ख़फ़ा भी नहीं रहा अब तो
गिला करो कि गिला भी नहीं रहा अब तो

वो काहिशें[1] हैं कि ऐश-ए-जूनूँ[2] तो क्या यानी
ग़ुरूर-ए-ज़ेहन-ए-रसा[3] भी नहीं रहा अब तो

शिकस्त-ए-ज़ात[4] का इक़रार और क्या होगा
कि इद्दिआ-ए-वफ़ा[5] भी नहीं रहा अब तो

चुने हुए हैं लबों पर तेरे हज़ार जवाब
शिकायतों का मज़ा भी नहीं रहा अब तो

हूँ मुब्तिला-ए-यक़ीं मेरी मुश्किलें मत पूछ
गुमान-ए-उक़्दाकुशा[6] भी नहीं रहा अब तो

मेरे वुजूद का अब क्या सवाल है, यानी
मैं अपने हक़ में बुरा भी नहीं रहा अब तो

---

1. घटाव, क्षीणता, 2. जुनून का आनन्द, 3. बात की तह तक पहुँचनेवाले ज़ेह्न का ग़ुरूर, 4. अस्तित्व का मिट जाना, व्यक्तित्व का खण्डित हो जाना, 5. वफ़ा का दावा करना, 6. समस्या हल करनेवाला गुमान, गाँठ खोलनेवाला गुमान।

यह अतिअए-सुब्ह-ए-शब-ए-विसाल[1] है क्या
कि सिहर-ए-नाज़-ओ-अदा[2] भी नहीं रहा अब तो

यक़ीन कर जो तेरी आरज़ू में था पहले
वो लुत्फ़ तेरे सिवा भी नहीं रहा अब तो

वो सुख वहाँ कि ख़ुदा की हैं बख़्शिशें क्या-क्या
यहाँ ये दुख कि ख़ुदा भी नहीं रहा अब तो

---

1. मिलन की रात की सुब्ह का तोह्फ़ा, 2. नाज़ो-अदा का जादू।

अज़ाब-ए-हिज्र बढ़ा लूँ अगर इजाज़त हो
इक और ज़ख़्म मैं खा लूँ अगर इजाज़त हो

तुम्हारे आरिज़-ओ-लब[1] की जुदाई के दिन हैं
मैं जाम मुँह से लगा लूँ अगर इजाज़त हो

तुम्हारा हुस्न, तुम्हारे ख़याल का चेहरा
शबाहतों[2] में छुपा लूँ अगर इजाज़त हो

तुम्हीं से है मेरे हर ख़्वाब-ओ-शौक़ का रिश्ता
इक और ख़्वाब कमा लूँ अगर इजाज़त हो

थका दिया है तुम्हारे फ़िराक़ ने मुझको
कहीं मैं ख़ुद को गिरा लूँ अगर इजाज़त हो

बरा-ए-नाम[3] बनाम-ए-शबे-विसाल[4] यहाँ
शब-ए-फ़िराक़ मना लूँ अगर इजाज़त हो

---

1. कपोल और होंठ, 2. शक्ल, हमशक्ली, आकृति, 3. नाम मात्र, 4. मिलन की रात के नाम से।

दो ग़ज़ला....

तुम्हारा हिज्र मना लूँ अगर इजाज़त हो
मैं दिल किसी से लगा लूँ अगर इजाज़त हो

तुम्हारे बाद भला क्या है वाद–ओ–पैमाँ
बस अपना वक़्त गँवा लूँ अगर इजाज़त हो

तुम्हारे हिज्र की शबहाए–कार में जानाँ
कोई चराग़ जला लूँ अगर इजाज़त हो

जुनूँ वही है, वही मैं, मगर है शहर नया
यहाँ भी शोर मचा लूँ अगर इजाज़त हो

किसे है ख़्वाहिश–ए–मरहमगरी मगर फिर भी
मैं अपने ज़ख़्म दिखा लूँ अगर इजाज़त हो

तुम्हारी याद में जीने की आरज़ू है अभी
कुछ अपना हाल सँभालूँ अगर इजाज़त हो

हिज्र की आँखों से आँखें तो मिलाते जाइए
हिज्र में करना है क्या ये तो बताते जाइए

बन के ख़ुश्बू की उदासी रहिए दिल के बाग़ में
दूर होते जाइए, नज़्दीक आते जाइए

जाते-जाते आप इतना काम तो कीजे मेरा
याद का सारा सर-ओ-सामाँ जलाते जाइए

रह गयी उम्मीद तो बर्बाद हो जाऊँगा मैं
जाइए तो फिर मुझे सचमुच भुलाते जाइए

ज़िंदगी की अंजुमन का बस यही दस्तूर है
बढ़ के मिलिए और मिल के दूर जाते जाइए

आख़िरश रिश्ता तो हममें इक ख़ुशी इक ग़म का है
मुस्कुराते जाइए, आँसू बहाते जाइए

वो गली है इक शराबी-चश्म काफ़िर की गली
उस गली में जाइए तो लड़खड़ाते जाइए

आपको जब मुझसे शिकवा ही नहीं कोई तो फिर
आग ही दिल में लगानी है लगाते जाइए

कूच है ख़्वाबों से ताबीरों की सिम्तों में तो फिर
जाइए पर दम-ब-दम बर्बाद जाते जाइए

आपका मेहमान हूँ मैं, आप मेरे मेज़बान
सो मुझे ज़हर-ए-मुरव्वत तो पिलाते जाइए

है सर-ए-शब और मेरे घर में नहीं कोई चराग़
आग तो इस घर में जानाना लगाते जाइए

जुज़[1] गुमाँ और था ही क्या मेरा
फ़क़त इक मेरा नाम था मेरा

निकहत-ए-पैरहन[2] से उस गुल की
सिलसिला बेसबा[3] रहा मेरा

मुझको ख़्वाहिश ही ढूँढ़ने की न थी
मुझमें खोया रहा ख़ुदा मेरा

थूक दे ख़ून जान ले वो अगर
आलम-ए-तर्क-ए-मुद्दआ[4] मेरा

जब तुझे मेरी चाह थी जानाँ
बस वही वक़्त था कड़ा मेरा

कोई मुझ तक पहुँच नहीं पाता
इतना आसान है पता मेरा

---

1. (के) सिवाय, (के) अलावा, 2. लिबास की ख़ुश्बू, 3. बिना पुरवाई का, 4. अपने उद्देश्यों (मुद्दआ) को छोड़ देने की स्थिति।

आ चुका पेश वो मुरव्वत से
अब चलूँ, काम हो चुका मेरा

आज मैं ख़ुद से हो चुका मायूस
आज इक यार मर गया मेरा

दो ग़ज़ला...

ज़िक्र भी उससे क्या भला मेरा
उससे रिश्ता ही क्या रहा मेरा

आज मुझको बहुत बुरा कहकर
आपने नाम तो लिया मेरा

आख़िरी बात तुमसे कहना है
याद रखना न तुम कहा मेरा

अब तो कुछ भी नहीं हूँ मैं वैसे
कभी वो भी था मुब्तिला[1] मेरा

वो भी मंज़िल तलक पहुँच जाता
उसने ढूँढ़ा नहीं पता मेरा

---

1. आसक्त, मुग्ध, प्रवृत्त।

तुझसे मुझको निजात[1] मिल जाए
तू दुआ कर कि हो भला मेरा

क्या बताऊँ बिछड़ गया याराँ
एक बिलक़ीस से सबा मेरा[2]

---

1. (बंधन-) मुक्ति, छुटकारा, 2. यमन में मलिका-ए-बिल्क़ीस के शह्र का नाम सबा है। ये हज़रत सुलेमान (अलै.) की समकालीन थीं।

न हम रहे न वो ख़्वाबों की ज़िंदगी ही रही
गुमाँ-गुमाँ सी महक ख़ुद को ढूँढ़ती ही रही

अजब तरह रुख़-ए-आइंदगी[1] का रंग उड़ा
दयार-ए-ज़ात[2] में अज़ ख़ुद गुज़श्तगी[3] ही रही

हरीम-ए-शौक़[4] का आलम बताएँ क्या तुमको
हरीम-ए-शौक़ में बस शौक़[5] की कमी ही रही

पस-ए-निगाह-ए-तग़ाफ़ुल[6] थी इक निगाह कि थी
जो दिल के चेहर-ए-हसरत की ताज़गी ही रही

अजीब आईन-ए-परतव-ए-तमन्ना[7] था
थी उसमें एक उदासी कि जो सजी ही रही

बदल गया सभी कुछ उस दयार-ए-बूदश[8] में
गली थी तो तेरी जाँ वो तेरी गली ही रही

---

1. भविष्य का रुख़, 2. अस्तित्व या हस्ती का दयार, 3. ख़ुद पर बीता हुआ समय, अतीत में जो कुछ व्यतीत हुआ ख़ुद पर ही व्यतीत हुआ, 4. शौक़ का घर या चहारदीवारी, शौक़ का दायरा, 5. अभिलाषा, चाह, उत्कंठा, लगन, 6. उपेक्षा की निगाह के पीछे, 7. तमन्नाओं को प्रतिबिंबित करनेवाला आईना, 8. वुजूद का दयार।

तमाम दिल के मुहल्ले उजड़ चुके थे... मगर
बहुत दिनों तो हँसी ही रही ख़ुशी ही रही

वो दास्तान तुम्हें अब भी याद है कि नहीं
जो ख़ून थूकने वालों की बेहिसी[1] ही रही

सुनाऊँ मैं किसे अफ़्सान-ए-ख़याल-ए-मलाल
तेरी कमी ही रही और मेरी कमी ही रही

---

1. संवेदनहीनता, भावशून्यता।

हवास में तो न थे फिर भी क्या न कर आए
कि दार पर गए हम और फिर उतर आए

अजीब हाल के मजनूँ थे जो बे-उश्व-ओ-नाज़
बसू-ए-बादिया[1] महमिल[2] में बैठकर आए

कभी गए थे मियाँ जो ख़बर को सहरा[3] की
वो आए भी तो बगूलों[4] के साथ घर आए

कोई जुनूँ नहीं सौदाइयान-ए-सहरा[5] को
कि जो अज़ाब भी आये वो शहर पर आए

बताओ दामगरो[6]! चाहिए तुम्हें अब क्या
परिन्दगान-ए-हवा ख़ाक पर उतर आए

अजब ख़ुलूस[7] से रुख़्सत किया गया हमको
ख़याल-ए-ख़ाम[8] का तावान[9] था सो भर आये

---

1. जंगल की तरफ़, 2. ऊँट पर पर्दे से बना कजावा जिसमें स्त्रियाँ बैठती हैं, 3. मरुस्थल, जंगल, 4. चक्रवात, बवंडर, 5. सहरा के आशिक़ (या सहरा में रहनेवाले आशिक़), सहरा के पागल, 6. जाल बिछानेवाले, 7. गर्मजोशी, प्रेम और उमंगपूर्वक, 8. असंगत और मिथ्या विचार, ग़लत ख़याल, 9. नुक़्सान का मुआवज़ा, क्षतिपूर्ति।

कू-ए-जानाँ में और क्या माँगो
हालत-ए-हाल-ए-यक सदा माँगो

हर नफ़स[1] तुम यक़ीन-ए-मुनइम[2] से
रिज़्क़[3] अपने गुमान का माँगो

है अगर वो बहुत ही दिल-नज़्दीक
उससे दूरी का सिलसिला माँगो

दर-ए-मतलब है क्या तलबअंगेज़
कुछ नही वाँ सो कुछ भी जा माँगो

गोशागीर-ए-ग़ुबार-ए-ज़ात[4] हूँ मैं
मुझमें होकर मेरा पता माँगो

मुन्किराने-ए-ख़ुदा -ए- बख़्शिंदा[5]
उससे तो और इक ख़ुदा माँगो

---

1. क्षण, पल, 2. दृढ़ विश्वास, 3. जीविका, ख़ूराक, 4. स्वयं के ग़ुबार में एकांत रहनेवाला. अपने अस्तित्व में लीन, 5. नास्तिक लोग, बख़्श देनेवाले ख़ुदा को न मानने वाले लोग।

उस शिकम–रक़्सगर[1] के साइल[2] हो
नाफ़–प्याले[3] की तुम अता[4] माँगो

लाख जंजाल माँगने में हैं
कुछ न माँगो फ़क़त दुआ माँगो

---

1. पेट नचानेवाला, बैले डांसर, वो जिसके पेट पर छोटे-छोटे वलय बने हों, 2. प्रार्थी-अभ्यर्थी, माँगनेवाला, 3. नाभि का पियाला, नाभिरूपी पियाला, 4. कृपा, बख़्शीश।

सर-ए-सहरा हुबाब[1] बेचे हैं
लब-ए-दरिया सराब[2] बेचे हैं

और तो क्या था बेचने के लिए
अपनी आँखों के ख़्वाब बेचे हैं

ख़ुद सवाल उन लबों से करके मियाँ
ख़ुद ही उनके जवाब बेचे हैं

ज़ुल्फ़-कूचों[3] में शानाकश[4] ने तेरे
कितने ही पेचा-ओ-ताब बेचे हैं

शहर में हम ख़राब-हालों ने
हाल अपने ख़राब बेचे हैं

जानेमन! तेरी बेनक़ाबी ने
आज कितने नक़ाब बेचे हैं

मेरी फ़रियाद ने सुकूत[5] के साथ
अपने लब के अज़ाब[6] बेचे हैं

---

1. पानी का बुलबुला, 2. मृगतृष्णा, 3. ज़ुल्फ़ रूपी कूचे (गलियाँ), 4. कंघा करनेवाला, 5. मौन, ख़ामोशी, 6. कष्ट, दुख।

काम की बात मैंने की ही नहीं
ये मेरा तौर-ए-ज़िंदगी ही नहीं

अय उमीद! अय उमीद-ए-नौ-मैदाँ
मुझसे मैयत तेरी उठी ही नहीं

मैं जो था उस गली का मस्त-ख़िराम[1]
उस गली में मेरी चली ही नहीं

ये सुना है कि मेरे कूच के बाद
उसकी ख़ुश्बू कहीं बसी ही नहीं

थी जो इक फ़ाख़्ता उदास-उदास
सुब्ह वो शाख़ से उड़ी ही नहीं

मुझमें अब मेरा जी नहीं लगता
और सितम ये कि मेरा जी ही नहीं

वो जो रहती थी दिल-मुहल्ले में
फिर वो लड़की मुझे मिली ही नहीं

---

1. मस्त चाल चलनेवाला।

जाइए और ख़ाक उड़ाइए आप
अब वो घर क्या कि वो गली ही नहीं

हाय! वो शौक़ जो नहीं था कभी
हाय! वो ज़िंदगी जो थी ही नहीं

नई ख़्वाहिश रचाई जा रही है
तेरी फ़ुरक़त[1] मनाई जा रही है

निभाई थी न हमने जाने किससे
कि अब सबसे निभाई जा रही है

हमारे दिल–मुहल्ले[2] की गली से
हमारी लाश लाई जा रही है

कहाँ लज़्ज़त वो सोज़–ए–जुस्तजू की
यहाँ हर चीज़ पाई जा रही है

ख़ुशा[3]! अहवाल[4] अपनी ज़िंदगी का
सलीक़े से गँवाई जा रही है

दरीचों से था अपने बैर हमको
सो ख़ुद दीमक लगाई जा रही है

जुदाई मौसमों की धूप सुनियो
मेरी क्यारी जलाई जा रही है

मेरी जाँ अब ये सूरत है कि मुझसे
तेरी आदत छुड़ाई जा रही है

---

1. वियोग, बिछोह, 2. दिल रूपी मुहल्ला या दिल का मुहल्ला, 3. क्या ख़ूब, अहो, वाह-वाह, 4. 'हाल' का बहुवचन, हालात, सूरते-हाल।।

दो ग़ज़ला...

तेरी क़ीमत घटाई जा रही है
मुझे फ़ुरक़त सिखाई जा रही है

ये है तामीर-ए-दुनिया का ज़माना
हवेली दिल की ढायी जा रही है

वो शय जो सिर्फ़ हिंदुस्तान की थी
वो पाकिस्तान लाई जा रही है

कहाँ का दीन, कैसा दीन, क्या दीन
ये क्या गड़बड़ मचाई जा रही है

शऊर-ए-आदमी की सरज़मीं तक
ख़ुदा की अब दुहाई जा रही है

बहुत-सी सूरतें मंज़र में लाकर
तमन्ना आज़माई जा रही है

मुझे अब होश आता जा रहा है
ख़ुदा! तेरी ख़ुदाई जा रही है

नहीं मालूम क्या साज़िश है दिल की
कि ख़ुद ही मात खाई जा रही है

है वीरानी की धूप और एक आँगन
और उस पर लू चलाई जा रही है

क्या ये आफ़त नहीं अज़ाब नहीं
दिल की हालत बहुत ख़राब नहीं

बूद[1] पल-पल की बेहिसाबी है
कि मुहासिब[2] नहीं, हिसाब नहीं

ख़ूब गाओ, बजाओ और पियो
इन दिनों शहर में जनाब नहीं*

सब भटकते हैं अपनी गलियों में
ता-ब-ख़ुद कोई बारयाब[3] नहीं

तू ही मेरा सवाल अज़ल[4] से है
और साजन तेरा जवाब नहीं

हिफ़्ज़[5] है 'शम्स-ए-बाज़ग़ा'[6] मुझको
पर मयस्सर वो माहताब नहीं

---

1. अस्तित्व, हस्ती, 2. हिसाब लेनेवाला, *ये मग़्रिबी दोआबे के शियाओं की एक ख़ास इस्तिलाह है जो आयत अल्लाह के अर्थ में है। 3. जिसे किसी बड़ी जगह पहुँचने की आज्ञा मिल गई हो, जो किसी बड़ी जगह पहुँच गया हो, 4. अनादि काल, वह समय जब सृष्टि की रचना हुई, 5. ज़बानी याद होना, 6. एक किताब का नाम जो प्रेमकथा पर आधारित है।

तुझको दिल–दर्द का नहीं एहसास
सो मेरी पिंडलियों को दाब नहीं

नहीं जुड़ता ख़याल को भी ख़याल
ख़्वाब में भी तो कोई ख़्वाब नहीं

सतर–ए–मू[1] उसकी ज़ेर–ए–नाफ़[2] की, हाय
जिसकी चाक़ूज़नों[3] को ताब नहीं

---

1. बालों की रेखा, 2. नाभि के नीचे, कटि प्रदेश, पेड़ू, 3. चाक़ू मारनेवाला।

दो ग़ज़ला...

अब किसी से मेरा हिसाब नहीं
मेरी आँखों में कोई ख़्वाब नहीं

ख़ून के घूँट पी रहा हूँ मैं
ये मेरा ख़ून है शराब नहीं

मैं सराबी[1] हूँ मेरी आस न छीन
तू मेरी आस है सराब[2] नहीं

नोच फेंके लबों से मैंने सवाल
ताक़त-ए-शोख़ि-ए-जवाब नहीं

अब तो पंजाब भी नहीं पंजाब
और ख़ुद जैसा अब दोआब[3] नहीं

---

1. सराब की इच्छा रखनेवाला, मृगतृष्णा के पीछे दौड़नेवाला, 2. मृगतृष्णा, 3. गंगा और यमुना के बीच का क्षेत्र।

ग़म अबद[1] का नहीं है आन[2] का है
और उसका कोई हिसाब नहीं

बूदश[3] इक रौ है, एक रौ, यानी
इसकी फ़ितरत में इन्क़लाब नहीं

---

1. नित्यता, शाश्वतता, हमेशगी, 2. क्षण, पल, 3. अस्तित्व।

तीन ग़ज़ला...

सब चले जाओ, मुझमें ताब[1] नहीं
नाम को भी अब इज़्तिराब[2] नहीं

ख़ून कर दूँ तिरे शबाब का मैं
मुझ–सा क़ातिल तेरा शबाब नहीं

इक किताबे–वुजूद है तो सही
शायद इसमें दुआ का बाब[3] नहीं

तू जो पढ़ता है बू अली की किताब[4]
क्या ये आलम कोई किताब नहीं

अपनी मंज़िल नहीं कोई फ़रियाद
रख़्श[5] भी अपना बद–रकाब[6] नहीं

---

1. शक्ति, सामर्थ्य, 2. व्याकुलता, बेचैनी, 3. पन्ना, 4. हज़रत अली के जीवन और उनके उपदेशों पर आधारित एक किताब जिसे शिआ-संप्रदाय में बहुत प्रतिष्ठा प्राप्त है, 5. घोड़ा, 6. ख़राब रकाब (घोड़े की काठी का पायदान जिस पर पाँव रखकर चढ़ते हैं)।

हम किताबी सदा के हैं लेकिन
हस्ब-ए-मंशा[1] कोई किताब नहीं

भूल जाना नहीं गुनाह उसे
याद करना उसे सवाब[2] नहीं

पढ़ लिया उसकी याद का नुस्ख़ा
उसमें शोहरत का कोई बाब नहीं

---

1. मंशा के अनुसार, इच्छा के अनुसार, 2. वह फल जो किसी सत्कर्म पर परलोक में मिले, पुण्य।

तिफ़्लाने-कूचागर्द[1] के पत्थर भी कुछ नहीं
सौदा[2] भी एक वहम है और सर भी कुछ नहीं

मैं और ख़ुद को तुझसे छिपाऊँगा यानी मैं
ले देख ले मियाँ मेरे अंदर भी कुछ नहीं

बस इक ग़ुबार-ए-वह्म है इक कूचागर्द[3] का
दीवार-ए-बूद[4] कुछ नहीं और दर भी कुछ नहीं

ये शहर-ए-दार-ओ-मोहतसिब-ओ-मौलवी[5] ही क्या
पीर-ए-मुग़ान-ओ-रिन्द-ओ-क़लन्दर[6] भी कुछ नहीं

शेख़-ए-हराम-लुक़मे[7] की परवा है क्यों तुम्हें
मस्जिद भी उसकी कुछ नहीं मिम्बर[8] भी कुछ नहीं

---

1. गलियों में मारे-मारे फिरनेवाले को तंग करनेवाले या पत्थर मारनेवाले बच्चे, 2. पागलपन, इश्क़, जुनून, 3. गलियों में चक्कर काटनेवाला, गलियों में मारा-मारा फिरनेवाला, 4. अस्तित्व की उपस्थिति, हस्ती की दीवार, 5. फाँसी और मोह्तसिब (इस्लामी क़ानून के अनुसार हिसाब आदि की जाँच-पड़ताल करनेवाला) तथा मौलवी का शह्र, 6. बहुत पुराना(या उम्रदराज़), साक़ी और शराबी तथा क़लंदर (फ़क़ीरों का एक फ़िरक़ा), 7. शेख़ के हराम लुक़मे, 8. मस्जिद का वह ऊँचा स्थान जिस पर खड़े होकर इमाम नमाज़ पढ़वाते हैं या धर्मोपदेश देते हैं।

मक़दूर[1] अपना कुछ भी नहीं इस दयार में
शायद वो जब्र[2] है कि मुक़द्दर भी कुछ नहीं

जानी! मैं तेरे नाफ़-पियाले[3] पे हूँ फ़िदा
ये और बात है तेरा पैकर[4] भी कुछ नहीं

ये शब का रक़्स-ओ-रंग तो क्या सुन मेरी कहन
सुब्ह-ए-शिताबकोश[5] का दफ़्तर भी कुछ नहीं

बस इक ग़ुबार-ए-तौर गुमाँ का है तह-ब-तह
यानी नज़र भी कुछ नहीं, मंज़र भी कुछ नहीं

है अब तो एक हाल-ए-सुकून-ए-हमेशगी
परवाज़ का तो ज़िक्र ही क्या पर भी कुछ नहीं

कितना डरावना है ये शहरे-ए-नबूद-ओ-बूद[6]
ऐसा डरावना कि यहाँ डर भी कुछ नहीं

पहलू में है जो मेरे कहीं और है वो शख़्स
यानी वफ़ा-ए-अहद का बिस्तर भी कुछ नहीं

---

1. शक्ति, सामर्थ्य, 2. अन्याय, ज़ुल्म, 3. नाभि रूपी पियाला, 4. देह, शक्ल, 5. जल्द सुबह लाने की कोशिश करनेवाला, 6. होने-न होने का शह्र।

निस्बत[1] में उनकी जो है अज़ीयत[2] वो है मगर
शहरग[3] भी कोई शै नहीं और सर[4] भी कुछ नहीं

याराँ! तुम्हें जो मुझसे गिला है तो किसलिए
मुझको तो ऐतराज़ ख़ुदा पर भी कुछ नहीं

गुज़रेगी 'जॉन' शह्र में रिश्ते के किस तरह
दिल में भी कुछ नहीं है जबाँ पर भी कुछ नहीं

---

1. ताल्लुक़, लगाव, 2. कष्ट, यातना 3. शरीर की सबसे बड़ी रग जो हृदय में मिलती है, 4. ध्यान, ख़याल, दिमाग़, ख़्वाहिश, इरादा।

वो जो क्या कुछ न करने वाले थे
बस कोई दम में मरने वाले थे

थे गिले और गर्दबाद[1] की शाम
और हम सब बिखरने वाले थे

वो जो आता तो उसकी ख़ुश्बू में
आज हम रंग भरनेवाले थे

सिर्फ़ अफ़सोस है ये तंज़[2] नहीं
तुम न सँवरे, सँवरने वाले थे

यूँ तो मरना है एक बार मगर
हम कई बार मरने वाले थे

1. चक्रवात, बवंडर, 2. व्यंग्य।

जब हम कहीं न होंगे तब शहर भर में होंगे
पहुँचेगी जो न उस तक हम उस ख़बर में होंगे

थककर गिरेंगे जिस दम बाहों में तेरी आकर
उस दम भी कौन जाने हम किस सफ़र में होंगे

ऐ जाने-अहद-ओ-पैमाँ, हम घर बसाएँगे, हाँ
तू अपने घर में होगा, हम अपने घर में होंगे

मैं ले के दिल के रिश्ते घर से निकल चुका हूँ
दीवार-ओ-दर के रिश्ते, दीवार-ओ-दर में होंगे

तुझ अक्स के सिवा भी ऐ हुस्न वक़्त-ए-रुख़्सत
कुछ और अक्स भी तो उस चश्म-ए-तर में होंगे

ऐसे सराब थे वो ऐसे थे कुछ कि अब भी
मैं आँख बंद कर लूँ तब भी नज़र में होंगे

उसके नुक़ूश-ए-पा[1] को राहों में ढूँढ़ना क्या
जो उसके ज़ेर-ए-पा[2] थे वो मेरे सर में होंगे

वो बेशतर[3] हैं जिनको कल का ख़याल कम है
तू रुक सके तो हम भी उन बेशतर में होंगे

आँगन से वो जो पिछले दालान तक बसे थे
जाने वो मेरे साये अब किस खँडर में होंगे

ये तो कमर अजब है इक सोच है जो अब है
अब जाने हाथ मेरे किसकी कमर में होंगे

1. पाँव के निशान, 2. पाँव के नीचे, 3. अधिक

वो जो था वो कभी मिला ही नहीं
सो गिरेबाँ कभी सिला ही नहीं

उससे हरदम मुआमला है मगर
दरमियाँ कोई सिलसिला ही नहीं

बेमिले ही बिछड़ गए हम तो
सौ गिले हैं कोई गिला ही नहीं

चश्म-ए-मैगूँ[1] से है मुग़ाँ[2] ने कहा
मस्त कर दे मगर पिला ही नहीं

तू जो है जान, तू जो है जानाँ
तू हमें आज तक मिला ही नहीं

मस्त हूँ मैं महक से उस गुल की
जो किसी बाग़ में खिला ही नहीं

---

1. शराब जैसे लाल रंग आँखोंवाला, रक्ताभ, 2. साक़ी।

हाय! 'जॉन' उसका वो पियाल-ए-नाफ़[1]
जाम ऐसा कोई मिला ही नहीं

तू है इक उम्र से फ़ुग़ाँ-पेशा[2]
अभी सीना तेरा छिला ही नहीं?

1. नाभि का पियाला, 2. आर्त्तनाद ही जिसका पेशा हो, बहुत अधिक दुहाई देनेवाला।

सर पर इक सचमुच की तलवार आए तो
कोई क़ातिल बरसर-ए-कार[1] आए तो

सुर्ख़रू हो जाऊँ मैं तो यार अभी
दिल सलीक़े से सर-ए-दार[2] आए तो

वक़्त से अब और क्या रिश्ता करें
जान-ए-जानाँ हम तुझे हार आए तो

सब हैं हामी आस्माँ के अय ज़मीं
कोई तेरा भी तरफ़दार आए तो

अय अज़ादारो![3] करो मज्लिस[4] बपा
आदमी, इंसान को मार आए तो

---

1. काम पर, मुलाज़मत में, मशग़ला में 2. फाँसी के तख़्ते पर, फाँसी के फंदे पर, 3. शैतानो, 4. जहाँ बहुत-से आदमी इकट्ठा हों, करबला के शहीदों का मातम मनाने के लिए जमा लोग।

याद उसे इंतिहाई करते हैं
सो हम उसकी बुराई करते हैं

पसन्द आता है दिल से यूसुफ़ को
वो जो यूसुफ़ के भाई करते हैं[1]

है बदन ख़्वाब-ए-वस्ल का दंगल
आओ ज़ोर-आज़माई करते हैं

उसको और ग़ैर को ख़बर ही नहीं
हम लगाई-बुझाई करते हैं

हम अजब हैं कि उसकी बाहों में
शिकवा-ए-नारसाई[2] करते हैं

हालत-ए-वस्ल में भी हम दोनों
लम्हा-लम्हा जुदाई करते हैं

---

1. हज़रत यूसुफ़ (अलै.) के सगे भाइयों ने ईर्ष्यावश धोखे से उन्हें कुएँ में फेंक दिया था। बाद में जब एक क़ाफ़िला उधर से गुज़रा और उसे पानी की ज़रूरत पड़ी तो लोगों ने उन्हें निकाला और ले जाकर मिस्र के बाज़ार में बेच दिया, 2. न पहुँच पाने का शिकवा, वंचित रह जाने का शिकवा।

आप जो मेरी जाँ हैं, मैं दिल हूँ
मुझसे कैसे जुदाई करते हैं

बावफ़ा एक–दूसरे से मियाँ
हर नफ़स बेवफ़ाई करते हैं

जो हैं सरहद के पार से आये
वो बहुत ख़ुदसिताई[1] करते हैं

पल क़यामत के सूदख़्वार[2] हैं 'जॉन'
ये अबद[3] की कमाई करते हैं

1. अपने मुँह से अपनी प्रशंसा करना, आत्म-प्रशंसा, 2. ब्याज लेनेवाला फ़ायदेमंद, 3. शाश्वत।

ठहरूँ न गली में तेरी वहशत[1] ने कहा था
मैं हद से गुज़र जाऊँ मुहब्बत ने कहा था

दर तक तेरे लाई थी नसीम-ए-नफ़सअंगेज़[2]
दम भर न रुकूँ ये तेरी निकहत[3] ने कहा था

एहसान किसी सर्व[4] के साए का न लूँ मैं
मुझसे ये तेरे फ़ित्ना-ए-क़ामत[5] ने कहा था

मारा हूँ मशीयत[6] का, नहीं कुछ मेरी मर्ज़ी
ये भी तेरी कामत[7] की क़यामत ने कहा था

दिल-शहर[8] से कर जाऊँ सफ़र मैं सू-ए-दुनिया[9]
मुझसे तो यही मेरी सहूलत[10] ने कहा था

---

1. उन्माद, जुनून, 2. साँसों को उत्पन्न करनेवाली या साँसों को बढ़ा देनेवाली शीतल-मन्द समीर, 3. सुगंध, 4. एक सीधा लंबा पेड़ जिससे महबूब के क़द की उपमा दी जाती है, 5. क़यामत ला देनेवाला जिस्म, 6. ख़ुदा की मर्ज़ी, 7. जिस्म, शरीर का आकार-प्रकार, 8. दिल रूपी शह्र, 9. दुनिया की तरफ़, 10. सरलता, सुगमता।

वो ख़याल-ए-मुहाल[1] किसका था
आईना बेमिसाल किसका था

सफ़री[2] अपने आप से था मैं
हिज्र किसका, विसाल किसका था

मैं तो ख़ुद में कहीं न था मौजूद
मेरे लब पर सवाल किसका था

थी मेरी ज़ात इक ख़याल-आशोब[3]
जाने मैं हमख़याल[4] किसका था

जबकि मैं हर नफ़स[5] था बेअहवाल
वो जो था मेरा हाल किसका था

दोपहर! बादे-तुंद[6]! कूचए-यार
वो ग़ुबारे-मलाल किसका था

---

1. असंभव विचार, कठिन ख़याल 2. सफ़र में रहनेवाला, 3. उथल-पुथल मचा देने वाला ख़याल, 4. एक जैसा विचार रखनेवाले, 5. क्षण, पल, 6. तेज़ चलनेवाली हवा।

ख़ून थूकेगी ज़िंदगी कब तक
याद आएगी अब तेरी कब तक

जाने वालों से पूछना ये सबा[1]
रहे आबाद दिल–गली कब तक

हो कभी तो शराब–ए–वस्ल नसीब
पीये जाऊँ मैं ख़ून ही कब तक

दिल ने जो उम्र भर कमाई है
वो दुखन दिल से जाएगी कब तक

जिसमें था सोज़–ए–आरज़ू उसका
शब–ए–ग़म वो हवा चली कब तक

बनी–आदम[2] की ज़िंदगी है अज़ाब[3]
ये ख़ुदा को रुलाएगी कब तक

---

1. पुरवा की हवा, 2. मानव-जाति, 3. पीड़ा, कष्ट।

हादसा ज़िंदगी है आदम की
साथ देगी भला ख़ुशी कब तक

है जहन्नुम जो याद अब उसकी
वो बिहिश्त-ए-वुजूद[1] थी कब तक

वो सबा उसके बिन जो आई थी
वो उसे पूछती रही कब तक

मीर जॉनी! ज़रा बतायें तो
ख़ुद में ठहरेंगे आप ही कब तक

हाल-ए-सहन-ए-वुजूद[2] ठहरेगा
तेरा हंगाम-ए-रुख़्सती कब तब

---

1. अस्तित्व रूपी स्वर्ग, हस्ती का स्वर्ग, 2. वजूद के अंदर की हालत या स्थिति-परिस्थिति।

दो ग़ज़ला...

मैं सहूँ कर्बे-ज़िंदगी[1] कब तक
रहे आख़िर तेरी कमी कब तक

क्या मैं आँगन में छोड़ दूँ सोना
जी जलाएगी चाँदनी कब तक

अब फ़क़त याद रह गयी है तेरी
अब फ़क़त तेरी याद भी कब तक

मैं भला अपने होश में कब था
मुझको दुनिया पुकारती कब तक

ख़ैमागाह-ए-शुमाल[2] में ...आख़िर
उसकी ख़ुशबू रची-बसी कब तक

अब तो बस आपसे गिला है यही
याद आएँगे आप ही कब तक

मरने वालो! ज़रा बताओ तो
रहेगी ये चला-चली कब तक

---

1. जीवन के दुख और कष्ट, 2. तबीअत या स्वभाव का ख़ैमागाह।

जिसकी टूटी थी साँस आख़िर-ए-शब
दफ़्न वो आरज़ू हुई कब तक

दोज़ख़े-ज़ात[1] बावजूद तेरे
शब-ए-फ़ुरक़त[2] नहीं जली कब तक

अपने छोड़े हुए मुहल्लों पर
रहा दौरान-ए-जाँकुनी[3] कब तक

नहीं मालूम मेरे आने पर
उसके कूचे में लू चली कब तक

---

1. अस्तित्व या हस्ती का नरक, 2. वियोग की रात, 3. शरीर से प्राण निकलने की अवस्था, यम-यातना।

रहन[1] सरशारि-ए-फ़िज़ा[2] के हैं
आज के बाद हम हवा के हैं

हमको हरगिज़ नहीं ख़ुदा मंज़ूर
यानी हम बेतरह[3] ख़ुदा के हैं

हम कि हैं 'जॉन' हासिल-ए-ईजाद[4]
क्या सितम है कि हम फ़ना[5] के हैं

कायनात-ए-सुकूत[6] बस ख़ामोश
हम तो शौक़-ए-सुख़नसरा[7] के हैं

जितने भी अहले-फ़न[8] हैं दुनिया के
मुल्तमिस[9] बाब-ए-इल्तिजा[10] के हैं

बाज़[11] आ जाइए कि सब फ़ित्ने[12]
आपकी क्यूँ के और क्या के हैं

अब कोई गुफ़्तगू नहीं होगी
हम फ़ना के थे हम फ़ना के हैं

---

1. रेहन, गिरवी, 2. मस्त फ़ज़ा, उन्मत्त वातावरण, 3. बुरी तरह, बहुत अधिक, 4. नई खोज, नवीन प्राप्ति, 5. नश्वर, नाशवान, मिट जाने, 6. सन्नाटे की कायनात, ख़ामोशी की कायनात, 7. शायर, शायरी का शौक़, 8. फ़नवाले, कलाकार, 9. निवेदक, प्रार्थना करनेवाले, 10. इल्तिजा का अध्याय, इल्तिजावाले, 11. छोड़ देना, त्याग देना, 12. हलचल, उपद्रव।

दिल से है बहुत गुरेज़-पा[1] तू
तू कौन है और है भी क्या तू

क्यों मुझमें गँवा रहा है ख़ुद को
मुझ ऐसे यहाँ हज़ार हा[2] तू

है तेरी जुदाई और मैं हूँ
मिलते ही कहीं बिछड़ गया तू

पूछे जो तुझे कोई ज़रा भी
जब मैं न रहूँ तो देखना तू

इक साँस ही बस लिया है मैंने
तू साँस न था सो क्या हुआ तू

है कौन जो तेरा ध्यान रखे
बाहर मेरे बस कहीं न जा तू

---

1. भगोड़ा, जो बार-बार भागता हो, 2. हज़ारों।

हाल ख़ुश तज़्किरानिगारों[1] का
था तो इक शहर ख़ाकसारों का

पहले रहते थे कूचा-ए-दिल में
अब पता क्या है दिल-फ़िगारों[2] का

कू-ए-जानाँ की नाकाबंदी में
बिस्तरा अब कहाँ है यारों का

चलता जाता है साँस का लश्कर
कौन पुरसाँ[3] है यादगारों का

अपने अंदर घिसट रहा हूँ मैं
मुझसे क्या ज़िक्र रहगुज़ारों का

उनसे जो शहर में हैं बेदावा
ऐश मत पूछ दावेदारों का

---

1. ज़िक्र करनेवाले, शायरों की कुछ शायरी तथा उनके संक्षिप्त जीवन-परिचय की किताब संपादित करनेवाले, 2. ग़मगीन, रंजीदा, 3. पूछनेवाला, दर्याफ़्त करनेवाला, ख़बर लेनेवाला।

कैसा ये मारिका[1] है बरपा जो
न पियादों का, ना सवारों का

बात तश्बीह[2] की न कीजियो तू
दहर[3] है सिर्फ़ इस्तिआरों[4] का

मैं तो ख़ैर अपनी जान ही से गया
क्या हुआ जाने, जाँ-निसारों का

कुछ नहीं अब सिवाय ख़ाकस्तर[5]
एक जलसा था शोला-ख़्वारों का

1. मैदाने-जंग, 2. उपमा, समानता, 3. दुनिया, युग, समय, 4. रूपक, 5. राख।

शहर–ब–शहर कर सफ़र, ज़ाद–ए–सफ़र[1] लिए बग़ैर
कोई असर किए बग़ैर, कोई असर लिए बग़ैर

कोह–ओ–कमर[2] में हमसफ़ीर[3] कुछ नहीं अब बजुज़[4] हवा
देखियो पलटियो न आज शहर से पर लिए बग़ैर

वक़्त के मारिके[5] में थीं मुझको रिआयतें, हवस
मैं सर–ए–मारिका गया अपनी सिपर[6] लिए बग़ैर

कुछ भी हो क़त्लगाह में हुस्न–ए–बदन का है ज़रर[7]
हम न कहीं से आएँगे दोश पे सर लिए बग़ैर

क़र्या–ए–गिरिया[8] में मेरा गिरिया हुनरवराना है
याँ से कहीं टलूँगा मैं दाद–ए–हुनर लिए बग़ैर

---

1. सफ़र का सामान, 2. पहाड़ और पक्षियों का हवा में कलाबाज़ी दिखाना, 3. सफ़ीर-पक्षियों की आवाज़, परिंदों को बुलाने के लिए मुँह से सीटी जैसी आवाज़ निकालना, 4. सिवाय हवा के, 5. मैदाने-जंग, 6. ढाल, हिफ़ाज़त, 7. नुक़्सान, मुसीबत, 8. रुदन-ग्राम, रोने-धोने के गाँव में।

उसके भी कुछ गिले हैं दिल, उनका हिसाब तुम रखो
दीद ने उसमें की बसर उसकी ख़बर लिए बग़ैर

उसका सुख़न[1] भी जा[2] से है और वो ये कि 'जॉन' तुम
शहर-ए-शहर[3] हो तो क्या शहर में घर लिए बग़ैर

1. साहित्य, कलाम, 2. जगह, 3. नगर का राजमार्ग।

कोई गुमाँ भी नहीं दरमियाँ गुमाँ है यही
इसी गुमाँ को बचा लूँ कि दरमियाँ है यही

ये आदमी कि हैं अन्फ़ास[1] जिसके ज़हर-फ़रोश[2]
इसे बिठाओ कि मेरा मिज़ाजदाँ[3] है यही

कभी-कभी जो न आओ नज़र तो सह लेंगे
नज़र से दूर न होना कि इम्तिहाँ है यही

मैं आस्माँ का अजब कुछ लिहाज़ रखता हूँ
जो इस ज़मीन को सह ले वो आस्माँ है यही

ये एक लम्हा जो दरयाफ़्त कर लिया मैंने
विसाले-जाँ है यही और फ़िराक़े-जाँ है यही

तुम उनमें से हो जो याँ फ़तेहमन्द[4] ठहरे हैं
सुनो कि वजह-ए-ग़म-ए-दिल-शिकस्तगाँ[5] है यही

---

1. 'नफ़स' का बहुवचन, साँसें, 2. ज़ह्र बेचनेवाला, 3. जो किसी की प्रकृति से परिचित हो, जो स्वभाव पहचानकर उसी के अनुसार बात करे, 4. विजयी, 5. शिकस्त दिल के ग़म की वज्ह।

मैं न ठहरूँ, न जान तू ठहरे
कौन लम्हों के रू-ब-रू ठहरे

न गुज़रने पे ज़िंदगी गुज़री
न ठहरने पे चार सू[1] ठहरे

है मेरी बज़्म-ए-बेदिली भी अजीब
दिल-ए-पुरख़ूँ जहाँ सुबू[2] ठहरे

मैं यहाँ मुद्दतों में आया हूँ
एक हंगामा कू-ब-कू[3] ठहरे

महफ़िल-ए-रुख़्सत-ए-हमेशा है
आओ इक हश्र-ए-हावहू[4] ठहरे

इक तवज्जो अजब है सिम्तों में
कि न बोलूँ तो गुफ़्तगू ठहरे

---

1. चारों ओर, 2. घड़ा, शराब के घड़े के प्रयोग में रूढ़ 3. गली-दर-गली, 4. रोने-कराहने की विपत्ति, हाय-हाय करने की मुसीबत।

क़ज़-अदा[1] थी बहुत उमीद मगर
हम भी 'जॉन' एक हीलाजू[2] ठहरे

एक चाक-ए-बरहनगी[3] है वजूद
पैरहन[4] हो तो बेरफ़ू[5] ठहरे

मैं जो हूँ, क्या नहीं हूँ मैं ख़ुद भी
ख़ुद से बात आज दू-ब-दू[6] ठहरे

बाग़े-जाँ से मिला न कोई समर[7]
'जॉन' हम तो नुमू-नुमू[8] ठहरे

---

1. जिसमें शील-संकोच न हो, 2. बहाने बनानेवाला, कामचोर, फ़रेबी, 3. नग्न, फटे वस्त्र, 4. लिबास, वस्त्र, 5. बिना सिला हुआ, 6. आमने-सामने, मुँहामुँह, 7. फल, 8. उगना, विकसित होना, बढ़ना।

गिले से बाज़ आया जा रहा है
सो पैहम[1] गुनगुनाया जा रहा है

नहीं मतलब किसी पर तंज़[2] करना
हँसी में मुस्कुराया जा रहा है

वहाँ अब मैं कहाँ अब तो वहाँ से
मेरा सामान लाया जा रहा है

अजब है एक हालत सी हवा में
हमें जैसे गँवाया जा रहा है

अब उसका नाम भी कब याद होगा
जिसे हरदम भुलाया जा रहा है

चराग़ इस तरह रौशन कर रहा हूँ
कि जैसे घर जलाया जा रहा है

1. लगातार, सतत, 2. व्यंग्य।

भला तुम कब चले थे यूँ सँभलकर
कहाँ से उठके जाया जा रहा है

तो क्या अब नींद भी आने लगी है
तो बिस्तर क्यों बिछाया जा रहा है

गुमाँ की इक परेशाँ-मंज़री[1] है
बस इक दीवार है और बेदरी[2] है

अगरचे[3] ज़हर है दुनिया की हर बात
मैं पी जाऊँ इसी में बेहतरी है

तू ऐ बाद-ए-ख़िज़ाँ[4] उस गुल से कहियो
कि शाख़ उम्मीद की अब तक हरी है

गली में उस निगार-ए-नाशनो[5] का
फ़ुग़ाँ[6] करना हमारी नौकरी है

कोई लहक-ए-ख़याबान-ए-सबा[7] में
यहाँ तो आग सीने में भरी है

---

1. परेशान कर देनेवाला मंज़र, ख़राब स्थिति, बुरा हाल, 2. बिना दरवाज़े का, 3. यद्यपि कि, 4. पतझड़ की हवा, 5. ऐसा महबूब जो बात अनसुनी करता हो या किसी का कोई हाल न पूछता हो, 6. आर्त्तनाद, 7. बाग़ या उपवन में पुरवाई चलनेवाले रास्ते पर विचरण करना।

यहाँ तो कोई मनचला ही नहीं
कि जैसे ये शहरे-बला ही नहीं

तेरे हसरती के हैं दिल पर ये दाग़
कोई अब तेरा मुब्तला[1] ही नहीं

हुई उस गली में फ़ज़ीहत बहुत
मगर मैं वहाँ से टला ही नहीं

निकल चल कभी आप से जाने-जाँ
तेरे दिल में तो वलवला[2] ही नहीं

दम-ए-आख़िर-ए-शब जो बिछड़े तो बस
पता फिर किसी का चला ही नहीं

क़यामत थी उसके शिकम[3] की शिकन
कोई बस मेरा फिर चला ही नहीं

उसे ख़ून से अपने सींचा मगर
तमन्ना का पौधा फला ही नहीं

---

1. मुग्ध, आशिक़, जो परीक्षार्थ आपत्तियों में फँसाया गया हो, 2. जोश, उमंग, 3. पेट।

कहाँ जा के दुनिया को डालूँ भला
इधर तो कोई मज़बला[1] ही नहीं

इक अंबोह-ए-ख़ूनीं-दिलाँ[2] है मगर
किसी में कोई हौसला ही नहीं

1. गंदगी या कूड़ा-करकट डालने का स्थान, 2. एक भीड़ अथवा समुदाय का दिल ख़ून से लथपथ है।

दिल तमन्ना से डर गया जानम
सारा नश्शा उतर गया जानम

इक पलक बीच रिश्त-ए-जाँ से
हर ज़माना गुज़र गया जानम

था ग़ज़ब फ़ैसले का इक लम्हा
कौन फिर अपने घर गया जानम

जाने कैसी हवा चली इक बार
दिल का दफ़्तर बिखर गया जानम

अपनी ख़्वाब-ओ-ख़याल दुनिया को
कौन बर्बाद कर गया जानम

थी सितम हिज्र की मसीहाई
आख़िरश ज़ख़्म भर गया जानम

अब भला क्या रहा है कहने को
यानी मैं बेअसर गया जानम

न रहा दिल न दास्ताँ दिल की
अब तो सब-कुछ बिसर गया जानम

ज़हर था अपने तौर से जीना
कोई इक था जो मर गया जानम

कौन से शौक़, किस हवस का नहीं
दिल मेरी जान तेरे बस का नहीं

राह तुम कारवाँ की लो कि मुझे
शौक़ कुछ नग़म-ए-जरस[1] का नहीं

हाँ मेरा वो मुआमला है कि अब
काम यारान-ए-नुक्तारस[2] का नहीं

हम कहाँ से चले हैं और कहाँ
कोई अंदाज़ा पेश-ओ-पस का नहीं

हो गयी इस गिले में उम्र तमाम
पास[3] शोले को ख़ार-ओ-ख़स[4] का नहीं

मुझको ख़ुद से जुदा न होने दो
बात ये है मैं अपने बस का नहीं

क्या लड़ाई भला कि हममें से
कोई भी सैकड़ों बरस का नहीं

---

1. जरस उस घंटे या घड़ियाल को कहते हैं जो क़ाफ़िलों के साथ समय-समय पर विभिन्न प्रकार के निर्देशों के लिए बजाया जाता है, 2. वो यार जो मर्म या गूढ़ बातें समझते हों, 3. लिहाज़, शील-संकोच, 4. कूड़ा-करकट, घास-फूस।

बख़्शिश हुआ यक़ीन, गुमाँ बेलिबास है
है आग जामाज़ेब[1], धुआँ बेलिबास है

है ये फ़ज़ा हज़ार लिबासों का इक लिबास
जो बेलिबास है वो कहाँ बेलिबास है

मल्बूस[2] तार-तार-ए-नफ़स[3] है ज़ियान-ए-सूद[4]
सूद-ए-ज़ियाँ[5] ये है कि ज़ियाँ[6] बेलिबास है

महमिलनशीने-रंग[7]! कोई पोस्तीन-ए-रंग[8]
रेग-ए-रवाँ[9] हूँ, रेग-ए-रवाँ बेलिबास है

अब पारा-पारा[10] पोशिश-ए-गुफ़्तार[11] भी नहीं
हैं साँस बेरफ़ू सो ज़ियाँ बेलिबास है

---

1. शरीर पर कपड़ों का शोभा देना, 2. लिबास, 3. साँसों का तार, साँसों का तार-तार होना (अर्थात् फट जाना, छिन्न-भिन्न हो जाना), 4. फ़ायदे का घाटा, 5. घाटे का फ़ायदा, 6. घाटा, नुक़्सान, 7. महमिल : ऊँट पर बाँधने का कजावा जिसमें स्त्रियाँ बैठती हैं, मह्मिल में बैठनेवाली (अर्थात् मजनूँ की प्रेमिका लैला) के रंग का, साँवले रंग का(की), 8. किसी भी रंग की खालवाला (चमड़ा), किसी भी रंग की त्वचावाला, 9. हमेशा गतिमान रहने वाली रेत, 10. खंड-खंड, अलग-अलग हिस्से, 11. वार्तालाप का वस्त्र, वार्तालाप रूपी वस्त्र।

सद जामापोश[1] जिसका है जिस्म-ए-बरहना[2] भी
ख़ल्वत-सराय-ए-जाँ[3] में वो जाँ बेलिबास है

है दिल से हर नफ़स हवस-ए-दीद का सवाल
ख़ल्वत है वो कहाँ, वो जहाँ बेलिबास है

है बूद और नबूद[4] में पोशिश न पैरहन
याराँ मकीन क्या कि मकाँ बेलिबास है

तू ख़ुद ही देख रंग-ए-बदन अपना जोश-रंग
तू अपने हर लिबास में जाँ, बेलिबास है

ग़म की बरहनगी को कहाँ से जुड़े लिबास
मैं लब सिये हुए हूँ, फ़ुग़ाँ[5] बेलिबास है

---

1. सैकड़ों कपड़े पहननेवाला, जो सैकड़ों कपड़े पहने हो, 2. खुला हुआ, नग्न, 3. ऐसा स्थान जहाँ कोई दूसरा न हो, 4. होने-न होने, अस्तित्व-अनस्तित्व, उपस्थिति-अनुपस्थिति, 5. आर्त्तनाद, करुण पुकार।

दिल की तकलीफ़ कम नहीं करते
अब कोई शिकवा हम नहीं करते

जाने-जाँ तुझको अब तेरी ख़ातिर
याद हम कोई दम नहीं करते

दूसरी हार की हवस है सो हम
सर-ए-तस्लीम[1] ख़म[2] नहीं करते

वो भी पढ़ता नहीं है अब दिल से
हम भी नाले को नम नहीं करते

जुर्म में हम कमी करें भी तो क्यूँ
तुम सज़ा भी तो कम नहीं करते

---

1. सुपुर्द किया हुआ सर, आज्ञा पालन या स्वीकार्य में सर झुकाना,
2. झुकाना, झुकना।

ख़ुद-मस्त[1] हूँ ख़ुद से आ मिला हूँ
अब मैं लबे ज़ख़्म-ए-बेगिला हूँ

मैं हमसफ़रों की गर्द के बीच
इक ख़ुद-सफ़री[2] का क़ाफ़िला हूँ

ख़ुश्बू के बदन में तेरा मल्बूस[3]
दम ले कि अभी नहीं सिला हूँ

मैं नश्श-ए-ज़ात में निहत्था
अहबाब[4] से अपने आ मिला हूँ

मैं सरसर-ए-लफ़्ज़[5] में हूँ मआनी[6]
पस[7] अपनी जगह से कब हिला हूँ

---

1. अपने-आप में मस्त, 2. आत्म-यात्रा, 3. लिबास, 4. दोस्त, यार, 5. तेज़ एवं गर्म हवा की तरह के शब्द, 6. अर्थ, 7. आख़िरकार, अंततः।

दिल कितना आबाद हुआ, जब दीद के घर बरबाद हुए
वो बिछड़ा और ध्यान में उसके, सौ मौसम ईजाद हुए

नामवरी[1] की बात दिगर[2] है, वरना यारो सोचो तो
गुलगूँ[3] अब तक कितने तेशे[4], बेख़ून-ए-फ़रहाद हुए

लायें कहाँ से बोल रसीले, होंठों की नादारी[5] में
समझो एक ज़माना गुज़रा, बोसों[6] की इम्दाद[7] हुए

तुम मेरी इक ख़ुदमस्ती हो, मैं हूँ तुम्हारी ख़ुदबीनी[8]
रिश्ते में इस इश्क़ के हम-तुम, दोनों बेबुनियाद हुए

मेरा क्या इक मौज-ए-हवा हूँ, पर यूँ है अय ग़ुंचा-दहन[9]!
तूने दिल का बाग़ जो छोड़ा, ग़ुंचे बेउस्ताद हुए

इश्क़-मुहल्ले में अब यारो, क्या कोई माशूक़ नहीं
कितने क़ातिल मौसम गुज़रे, शोर हुए, फ़रियाद हुए

---

1. ख्याति, शोहरत, 2. अलग, भिन्न, 3. गुलाब जैसे रंगवाला, लाल रंग का घोड़ा, शीरीं का नाम, शीरीं के घोड़े का नाम, 4. तीशा, पत्थर काटने का औज़ार, 5. निर्धनता, कमतरी, 6. चुंबन, 7. सहायता, मदद, 8. अपने को सबकुछ समझना, आत्म-दर्शन, 9. कली-जैसे सुंदर और छोटे मुँहवाला।

हमने दिल को मार रखा है, और जताते फिरते हैं
हम दिल-ज़ख़्मी, मिज़्गाँ-खूनीं[1], हम न हुए जल्लाद हुए

बर्क़[2] किया है अक्स-ए-बदन ने, तेरे हमें अय तंग-ए-क़बा[3] !
तेरे बदन पर जितने तिल हैं, सारे हमको याद हुए

तूने कभी सोचा तो होगा, सोचा भी अय मस्त-अदा!
तेरी अदा की आबादी पर, कितने घर बरबाद हुए

जो कुछ भी रूदाद-ए-सुख़न[4] थी, होंठों की दूरी से थी
जब होंठों से होंठ मिले तो, यकदम बेरूदाद हुए

ख़ाकनशीनों[5] से कूचे के, क्या-क्या निख़्वत[6] करते हैं
जानाँ जान! तेरे दरबाँ तो फ़िरऔना-ओ-शद्दाद[7] हुए

शहरों में ही ख़ाक उड़ा लो, शोर मचा लो बेहालों
जिन दश्तों[8] की सोच रहे हो, वो कब के बरबाद हुए

सिम्तों[9] में बिखरी वो ख़ल्वत[10], वो दिल की रंगाबादी
यानी वो जो बाम-ओ-दर थे[11], यकसर[12] गर्द-ओ-बाद[13] हुए

तूने रिन्दों का हक़ मारा, मयख़ाने में रात गए
शेख़! खरे सैयद हैं हम तो, हमने सुना नाशाद[14] हुए

---

1. जिसकी पलकें ख़ून से सनी हों, 2. चंचल, विद्युत, 3. चुस्त लिबासवाला, 4. बातचीत का विस्तार, वार्तालाप का वृत्तांत, 5. विनम्र, दीन-दुखी, लाचार, 6. अभिमान, ग़ुरूर, 7. फ़िरऔन और शद्दाद ऐसे बादशाह हुए हैं जो अपने को ख़ुदा समझते थे, 8. मरुस्थल, जंगल, 9. दिशाओं, 10. रिक्तता, शून्यता, 11. छत-दरवाज़े, घर-बार, 12. एक सिरे से, संपूर्ण रूप से, 13. चक्रवात, बवंडर, 14. खिन्न, अप्रसन्न।

शाम तक मेरी बेकली[1] है शराब
शाम को मेरी सरख़ुशी[2] है शराब

जेहल[3] वाईज[4] का उसको रास आए
साहिबो! मेरी आगही[5] है शराब

रंगरस है मेरी रगों में रवाँ
बख़ुदा मेरी ज़िंदगी है शराब

नाज़ है अपनी दिलबरी पे मुझे
मेरा दिल, मेरी दिलबरी है शराब

है ग़नीमत जो होश में नहीं मैं
शेख़! तुझको बचा रही है शराब

हिस[6] जो होती तो जाने क्या करता
मुफ़्तियों![7] मेरी बेहिसी[8] है शराब

---

1. व्याकुलता, 2. हल्का नशा, 3. जाहिलपन, जाहिलाना ज़िद, 4. धर्मोपदेशक, 5. ज्ञान, 6. संवेदना, एहसास, 7. फ़त्वा देनेवाला, 8. संवेदनहीनता।

जब्र[1] पुर-इख़्तियार[2] है, अमाँ हाँ
बेक़रारी क़रार है, अमाँ हाँ

एज़दे-एज़दाँ[3] है तीरंदाज़
अहरमन[4] दिल-फ़िगार[5] है, अमाँ हाँ

मेरे आग़ोश में जो है उसका
दम-ब-दम इंतज़ार है, अमाँ हाँ

है रक़ीब उसका दूसरा आशिक़
वही इक अपना यार है, अमाँ हाँ

यार ज़र्दी है रंग पर अपने
सो ख़िज़ाँ तो बहार है, अमाँ हाँ

लब-ओ-पिस्तान-ओ-नाफ़[6] उसके न पूछ
एक आशोब-ए-कार[7] है, अमाँ हाँ

---

1. अत्याचार, अन्याय, किसी बात के लिए मजबूर करना, 2. पूरी तरह अधिकार में, पूरी तरह सत्ता में, 3. ख़ुदाओं का ख़ुदा, 4. ईरान के आतशपरस्तों के अनुसार 'बदी' का ख़ुदा, 5. क्षत-विक्षत, घायल दिलवाला, आशिक़, 6. होंठ, स्तन और नाभि, 7. उथल-पुथल मचानेवाला।

संग-ए-दर के हों या हों दार के लोग
सब पे शहवत[1] सवार है, अमाँ हाँ

अब तो इंसाँ के मोजिज़े[2] हैं आम
और इंसान ख़्वार[3] है, अमाँ हाँ

1. इच्छा, कामुकता, काम वासना, 2. चमत्कार, 3. अपमानित, तिरस्कृत।

दो ग़ज़ला...

एक ही बार-बार है, अमाँ हाँ
इक अबस[1] ये शुमार है, अमाँ हाँ

ज़र्रा-ज़र्रा है ख़ुद-गुरेज़ानी[2]
नज़्म[3] इक इंतिशार[4] है, अमाँ हाँ

हो वो यज़दाँ[5] कि आदमो[6]-इब्लीस[7]
जो भी है ख़ुद शिकार है, अमाँ हाँ

वो जो है जो 'कहीं' नहीं उसका
सबके सीनों पे बार[8] है, अमाँ हाँ

अपनी बेरोज़गारि-ए-जावेद[9]
इक अजब रोज़गार है, अमाँ हाँ

---

1. व्यर्थ, फ़िज़ूल, 2. आत्म-पलायन, अपने-आप से भागना, 3. व्यवस्था, इन्तिज़ाम, 4. व्यतिक्रम, तितर-बितर होना, 5. आतशपरस्तों (ईरान के पुराने अग्निपूजक जो . जरदुश्त के अनुयायी) के मतानुसार नेकी का ख़ुदा, वे लोग दो ख़ुदा मानते हैं, एक नेकी का दूसरा बदी का जिसे अहरमन कहते हैं 6. हज़रत आदम जो सबसे पहले पुरुष थे, आदिपुरुष, मानव, 7. जो ईश्वर की दया से निराश हो, शैतान, 8. भार, बोझ, 9. कभी न समाप्त होनेवाली बेरोज़गारी (बेकारी)।

शब ख़राबात[1] में था हश्र बपा[2]
कि सुख़न हर्ज़ाकार[3] है, अमाँ हाँ

क्या कहूँ फ़ासले के बारे में
रहगुज़र, रहगुज़ार है, अमाँ हाँ

भूले-भूले से हैं वो आरिज़-ओ-लब[4]
याद अब यादगार है, अमाँ हाँ

---

1. मय़खाना, जुआ-घर, 2. उपस्थित, मौजूद, 3. व्यर्थ या फ़िज़ूल के काम करनेवाला, 4. गाल-होंठ।

इक दिल है जो हर लम्हा जलाने के लिए है
जो कुछ है यहाँ आग लगाने के लिए है

इक बात ही कहनी है मुझे तुझसे बस इक बात
इस शहर में तू सिर्फ़ गँवाने के लिए है

हर शख़्स मेरी ज़ात से जाने के लिए था
तू भी तो मेरी ज़ात से जाने के लिए है

जो रंग हैं सह ले उन्हें जो रंग हैं सह ले
याँ जो भी हुनर है वो कमाने के लिए है

बूदश[1] जो है वो एक तमाशा है गुमाँ का
है जो भी हक़ीक़त वो फ़साने के लिए है

हँसने से कभी ख़ुश नहीं होता है मेरा दिल
याँ मुझको हँसाना भी रुलाने के लिए है

क़ातिल को मेरे मुझसे नहीं है कोई परख़ाश[2]
क़ातिल तो मेरा रंग जमाने के लिए है

---

1. अस्तित्व, 2. दुश्मनी, वैमनस्य

दिल जो दीवाना नहीं आख़िर को दीवाना भी था
भूलने पर उसको जब आया तो पहचाना भी था

जानिए किस शौक़ में रिश्ते बिछड़कर रह गए
काम तो कोई नहीं था पर हमें जाना भी था

अजनबी–सा एक मौसम, एक बेमौसम–सी शाम
जब उसे आना नहीं था जब उसे आना भी था

जानिए क्यूँ दिल की वहशत दरमियाँ में आ गई
बस यूँ ही हमको बहकना भी था बहकाना भी था

इक महकता–सा वो लम्हा था के जैसे इक ख़याल
इक ज़माने तक उसी लम्हे को तड़पाना भी था

बड़ा एहसान हम फ़रमा रहे हैं
कि उनके ख़त उन्हें लौटा रहे हैं

नहीं तर्क-ए-मुहब्बत[1] पर वो राज़ी
क़यामत है कि हम समझा रहे हैं

यक़ीं का रास्ता तय करने वाले
बहुत तेज़ी से वापस आ रहे हैं

ये मत भूलो कि ये लम्हात हमको
बिछड़ने के लिए मिलवा रहे हैं

तअज्जुब है कि इश्क़-ओ-आशिक़ी से
अभी कुछ लोग धोखा खा रहे हैं

तुम्हें चाहेंगे जब छिन जाओगी तुम
अभी हम तुमको अरज़ाँ[2] पा रहे हैं

किसी सूरत उन्हें नफ़रत हो हमसे
हम अपने ऐब ख़ुद गिनवा रहे हैं

---

1. मुहब्बत छोड़ देना, त्याग देना, 2. सस्ता, मंदा।

वो पागल मस्त है अपनी वफ़ा में
मेरी आँखों में आँसू आ रहे हैं

दलीलों से उसे क़ायल किया था
दलीलें दे के अब पछता रहे हैं

तेरी बाँहों से हिजरत करने वाले
नये माहौल में घबरा रहे हैं

ये जज़्बा इश्क़ या है जज़्ब-ए-रहम
तेरे आँसू मुझे रुलवा रहे हैं

अजब कुछ रब्त[1] है तुमसे कि तुमको
हम अपना जानकर ठुकरा रहे हैं

वफ़ा की यादगारें तक न होंगी
मेरी जाँ बस कोई दिन जा रहे हैं

---

1. सम्बन्ध।

दिल से अब रस्म-ओ-राह की जाए
लब से कम ही निबाह की जाए

गुफ़्तगू में ज़रर[1] है मानी का
गुफ़्तगू गाह-गाह[2] की जाए

एक ही तो हवस रही है हमें
अपनी हालत तबाह की जाए

हवस-अंगेज़[3] हों बदन जिनके
उनमें सबसे निबाह की जाए

अपने दिल की पनाह में आकर
ज़िंदगी बेपनाह की जाए

---

1. नुक़सान, ख़राबी, 2. कभी-कभी, 3. हवस बढ़ानेवाला।

दो ग़ज़ला...

ज़ात अपनी गवाह की जाए
बंद आँखों निगाह की जाए

हम तो बस अपनी चाह में हैं मगन
कुछ तो उसकी भी चाह की जाए

एक नाटक है ज़िंदगी जिसमें
आह की जाये, वाह की जाए

दिल! है इसमें तेरा भला कि तेरी
मम्लिकत[1] बेसिपाह[2] की जाये

मल्लिका जो भी अपने दिल की न हो
'जॉन' वो बेकुलाह[3] की जाए

---

1. राष्ट्र, सल्तनत, 2. सेनाहीन, बेफ़ौज, 3. बेताज, मुकुटविहीन, श्रीहीन।

आ कि जहान-ए-बेख़बराँ में, बेख़बराना रक़्स[1] करें
ख़ीरा-सराना[2] शोर मचायें, ख़ीरा-सराना रक़्स करें

फ़न तो हिसाब-ए-तन्हाई है, शर्त भला किस शय की है
यानी उठें और बेख़लख़ालो-तबल-ओ-तराना[3] रक़्स करें

दाद से जब मतलब ही नहीं, तो उज़्र[4] भला किस बात का है
हम भी बज़्म-ए-बेबसराँ[5] में, बेबसराना रक़्स करें

हम पे हुनर के क़द्र-शनासाँ[6], नाज़कुनाँ[7] हैं यानी हम
साज़-ए-शिकस्त-ए-दिल[8] की सदा पर इश्वा-गराना[9] रक़्स करें

तख़्तए-गुल हो उज़्र-अंगेज़[10], आबलापाई[11] अपने लिए
हाँ सर-ए-नश्तर हा ख़्रिकराना, ता ब कराना रक़्स करें

मर्ज़ि-ए-मौला अज़[12] हमा[13] औला[14], शौक़ हमारा मौला है
हम वो नहीं जो बज़्म-ए-तरब[15] में, पेशावराना रक़्स करें

---

1. नाचना, नृत्य, 2. उद्दंडतापूर्ण, स्वच्छंदतापूर्वक, 3. बिना घुँघरू, तबला और तराने के, 4. आपत्ति, एतराज़, 5. अंधों की महफ़िल, 6. गुण पहचाननेवाले, पारखी, 7. नाज़ करनेवाले, 8. शिकस्त दिल का साज़, 9. हावभाव से दिल मोह लेना, 10. आपत्तिजनक, 11. पाँव में छाले पड़ जाना, 12. से, 13. सब, कुल, 14. बहुत बढ़िया, अति उत्तम, 15. ख़ुशी की महफ़िल, आनंद-सभा।

बरसर-ए-शोर-ओ-बरसर-ए-शोरिश, बरसर-ए-शबख़ूँ बरसर-ए-ख़ूँ[1]
चल कि हिसारे-फ़ित्नागराँ[2] में, फ़ित्नागराना रक़्स करें

कोई नहीं जो आ टकराये, सब चौराहे ख़ाली हैं
चल कि सर-ए-बाज़ार-ए-तबाही, बेख़तराना रक़्स करें

बाद-ए-हुनर आमोज़ी[3] हमको, था पिंदे-ए-उस्ताद[4] कि हम
बाहुनराना रक़्स में आयें, बेहुनराना रक़्स करें

अपने बदन पर अपने ख़ूँ में, ग़ैर का ख़ूँ भी शामिल हो
बारगह-ए-परवेज़[5] में चलकर, तेशावराना[6] रक़्स करें

---

1. शोरयुक्त, हंगामायुक्त, ख़ून-ख़राबायुक्त, ख़ूनयुक्त, 2. उपद्रवियों का घेरा, विद्रोहियों का घेरा, 3. हुनर सिखाने के बाद, 4. उस्ताद का ज्ञान, उस्ताद की नसीहत, 5. परवेज़ (एक राजा जो शीरीं का आशिक़ था) का दरबार, 6. तेशा (पत्थर काटनेवाला औज़ार) की तरह।

ऐश-ए-उम्मीद[1] ही से ख़तरा है
दिल को अब दिलदिही[2] से ख़तरा है

है कुछ ऐसा कि उसकी जल्वत[3] में
हमें अपनी कमी से ख़तरा है

जिसके आग़ोश का हूँ दीवाना
उसके आग़ोश ही से ख़तरा है

याद की धूप तो है रोज़ की बात
हाँ मुझे चाँदनी से ख़तरा है

है अजब कुछ मुआमला दरपेश
अक़्ल को आगही[4] से ख़तरा है

शहर-ए-ग़द्दार जान ले कि तुझे
एक 'अमरोहवी'[5] से ख़तरा है

---

1. उम्मीद का आनंद, 2. सांत्वना, दिलासा, 3. अपने को सबको दिखाना, खल्वत, 4. ज्ञान, बोध, 5. जॉन एलिया हिंदुस्तान के बँटवारे से पहले अमरोहा (उ. प्र.) के रहनेवाले थे बाद में कराची गए।

है अजब तौर-ए-हालत-ए-गिरिया[1]
कि मिज़ह[2] को नमी से ख़तरा है

हाल ख़ुश लखनऊ का, दिल्ली का
बस उन्हें 'मुसहफ़ी'[3] से ख़तरा है

आसमानों में है ख़ुदा तनहा
और हर आदमी से ख़तरा है

मैं कहूँ किस तरह ये बात उससे
तुझको जानम मुझी से ख़तरा है

आज भी अय किनार-ए-बान[4] मुझे
तेरी इक साँवली से ख़तरा है

उन लबों का लहू न पी जाऊँ
अपनी तिश्नालबी[5] से ख़तरा है

'जॉन' ही तू है 'जॉन' के दर पे
'मीर' को 'मीर' ही से ख़तरा है

अब नहीं कोई बात ख़तरे की
अब सभी को सभी से ख़तरा है

---

1. रोने-धोने की हालत का, रोने-धोने का ढंग, 2. पलक, 3. लखनऊ के सुप्रसिद्ध शायर, 4. 'बान' नाम से अमरोहा में एक नदी है, 5. प्यास, तृष्णा।

दिल गुमाँ था गुमानियाँ थे हम
हाँ मियाँ, दास्तानियाँ थे हम

हम सुने और सुनाये जाते थे
रात भर की कहानियाँ थे हम

जाने हम किसकी बूद[1] का थे सुबूत
जाने किसकी निशानियाँ थे हम

छोड़ते क्यों न हम ज़मीं अपनी
आख़िरश आसमानियाँ थे हम

ज़र्रा भर भी न थी नुमूद[2] अपनी
और फिर भी जहानियाँ थे हम

हम न थे एक आन[3] के भी मगर
जावेदाँ[4], जावेदानियाँ थे हम

---

1. अस्तित्व, हस्ती, 2. धूमधाम, हस्ती, शोहरत, आर्विभाव, 3. क्षण, पल, 4. अमर।

रोज़ इक रन[1] था तीर-ओ-तरकश बिन
थे कमीं[2] और कमानियाँ थे हम

अर्ग़वानी[3] था वो पियाल-ए-नाफ़[4]
हम जो थे अर्ग़वानियाँ थे हम

नार-पिस्तान[5] थी वो क़त्ताला[6]
और हवस दरमियानियाँ थे हम

नागहाँ[7] थी इक आने-आन[8] कि थी
हम जो थे नागहानियाँ थे हम

1. रण, 2. शिकार की ताक में छिपकर बैठना, 3. लाल, सुर्ख़, 4. नाभि रूपी पियाला, 5. वो स्त्री जिसकी छातियाँ कठोर हों या वो छातियाँ जो अनार जैसी हों, 6. बहुत अधिक क़त्ल करनेवाली, प्रेयसी, माशूक़, 7. अकस्मात्, अचानक, बेमौक़ा, कुसमय, 8. ज़िद, हठ, आदत, आरज़ू।

अजब हालत हमारी हो गई है
ये दुनिया अब तुम्हारी हो गई है

सुख़न[1] मेरा उदासी है सर-ए-शाम
जो ख़ामोशी पे तारी हो गई है

बहुत ही ख़ुश है दिल अपने किई पर
ज़माने भर में ख़्वारी[2] हो गई है

वो नाज़ुक लब है अब जाने ही वाला
मेरी आवाज़ भारी हो गई है

दिल अब दुनिया पे लानत कर कि इसकी
बहुत ख़िदमत-गुज़ारी[3] हो गई है

यक़ीं माज़ूर[4] है अब और गुमाँ भी
बड़ी बेरोज़गारी हो गई है

1. वार्तालाप, शायरी, 2. अपमान, अनादर, दुर्दशा, 3. ख़िद्मत करना, 4. विवश, लाचार।

वो इक बाद-ए-शुमाली-रंग[1] जो थी
शमीम[2] उसकी सवारी हो गई है

मेरे पास आ के ख़ंजर भौंक दे तू
बहुत नैज़ा-गुज़ारी[3] हो गई है

महक से अपनी गुल-ए-ताज़ा मस्त रहता है
वो रंग-ए-रुख़ है कि ख़ुद ग़ाज़ा[4] मस्त रहता है

निगाह से कभी गुज़रा नहीं वो मस्त-अंदाज़
मगर ख़याल से, अंदाज़ा मस्त रहता है

कहाँ से है रसद-ए-नश्शा[5], उसकी ख़ल्वत[6] में
कि रंग-मस्त का अंदाज़ा मस्त रहता है

यहाँ कभी कोई आया नहीं मगर सर-ए-शाम
बस इक गुमान से दरवाज़ा मस्त रहता है

मुझे ख़याल की मस्ती में किसका अंदाज़ा
ख़ुदा नहीं जो बअंदाज़ा मस्त रहता है

---

1. उत्तर से आनेवाली हवा, स्वभाव (के रंग) की हवा, 2. सुगंध, ख़ुश्बू, 3. भाला-बरछी चलाना, 4. चेहरे पर लगाया जानेवाला पाउडर, 5. नशे की सामग्री, 6. एकांत, तन्हाई।

चलो बाद-ए-बहारी[1] जा रही है
पिया जी की सवारी जा रही है

शुमाल-ए-जाविदान-ए-सब्ज़जाँ[2] से
तमन्ना की अमारी[3] जा रही है

फ़ुग़ाँ[4] ऐ दुश्मनी दार-ए-दिलो-ओ-जाँ
मेरी हालत सुधारी जा रही है

जो इन रोज़ों मेरा ग़म है वो ये है
कि ग़म से बुर्दबारी[5] जा रही है

है सीने में अजब इक हश्र बरपा
कि दिल से बेक़रारी जा रही है

मैं पैहम[6] हारकर ये सोचता हूँ
वो क्या शय है जो हारी जा रही है

---

1. वसंत ऋतु की सुगंधित और ठंडी हवा, 2. सदैव हरी-भरी रहनेवाली जान का स्वभाव, 3. मह्मिल, की ईजादकर्दा, हाथी या ऊँट पर बैठने के रखी गद्दी या डोली, 4. आर्त्तनाद, 5. गंभीरता, सहनशीलता, 6. लगातार।

दिल उसके रू-ब-रू है और गुमसुम
कोई अर्ज़ी गुज़ारी जा रही है

वो सैयद-बच्चा हो और शैख़ के साथ
मियाँ! इज़्ज़त हमारी जा रही है

है बरपा हर गली में शोर-ए-नग़मा
मेरी फ़रियाद मारी जा रही है

वो याद अब हो रही है दिल से रुख़्सत
मियाँ! प्यारों की प्यारी जा रही है

दिरेग़ा[1]! तेरी नज़्दीकी मियाँ जान
तेरी दूरी पे वारी[2] जा रही है

बहुत बदहाल हैं बस्ती तेरे लोग
तो फिर तू क्यों सँवारी जा रही है

तेरी मरहम-निगारी ऐ मसीहा!
ख़राश-ए-दिल पे वारी जा रही है

ख़राबे में अजब था शोर बरपा
दिलों से इंतज़ारी जा रही है

1. हाय, अफ़सोस, 2. क़ुर्बान होना, निछावर होना।

हैं मौसम रंग के कितने गँवाए, मैं नहीं गिनता
हुए कितने दिन उस कूचे से आए, मैं नहीं गिनता

भला ख़ुद मैं कब अपना हूँ, सो फिर अपना पराया क्या
हैं कितने अपने और कितने पराए, मैं नहीं गिनता

लबों के बीच था हर साँस इक गिनती बिछड़ने की
मेरे वो लाख बोसे ले के जाए, मैं नहीं गिनता

वो मेरी ज़ात की बस्ती जो थी मैं अब वहाँ कब हूँ
वहाँ आबाद थे किस-किस के साए, मैं नहीं गिनता

भला ये ग़म मैं भूलूँगा कि ग़म भी भूल जाते हैं
मेरे लम्हों ने कितने ग़म भुलाए, मैं नहीं गिनता

तू जिन यादों की ख़ूश्बू ले गयी थी अय सबा[1] मुझसे
उन्हें तू मौज अन्दर मौज लाए, मैं नहीं गिनता

वो सारे रिश्ताहाए-जाँ[2] कि ताज़ा थे जो उस पल तक
थे सब बाशिन्दा-ए-कुहनासराए[3], मैं नहीं गिनता

1. पुरवाई, 2. जान के रिश्ते, 3. अमरोहा के एक मुहल्ले का नाम, 'कुहना-सराय' का शाब्दिक अर्थ है- पुरानी सराय।

नहीं निबाही ख़ुशी से ग़मी को छोड़ दिया
तुम्हारे बाद भी मैंने कई को छोड़ दिया

हों जो भी जान की जाँ वो गुमान होते हैं
सभी थे जान की जाँ और सभी को छोड़ दिया

शऊर एक शऊर-ए-फ़रेब है, सो तो है
ग़रज़ कि आगही[1]-नाआगही[2] को छोड़ दिया

ख़याला-ओ-ख़्वाब की अंदेशगी के सुख झेले
ख़याला-ओ-ख़्वाब की अंदेशगी को छोड़ दिया

---

1. ज्ञान, 2. अज्ञान।

कब पता यार को हम अपने लिखा करते हैं
जाने हम ख़ुद में कि नाख़ुद में रहा करते हैं

अब तो तुम शहर के आदाब समझ लो जानी
जो मिला ही नहीं करते वो मिला करते हैं

जेहला[1]-ए-इल्म की ताज़ीम[2] में बर्बाद गए
जेहल[3] का ऐश[4] जो है वो उलेमा[5] करते हैं

लम्हे-लम्हे में जियो जान अगर जीना है
यानी हम हिर्स-ए-बक़ा[6] को भी फ़ना[7] करते हैं

जाने उस कूचा-ए-हालत का है क्या हाल कि हम
अपने हुजरे से बमुश्किल ही उठा करते हैं

मैं, जो कुछ भी नहीं करता हूँ, ये है मेरा सवाल
और सब लोग जो करते हैं वो क्या करते हैं

---

1. 'जाहिल' का बहुवचन, 2. सम्मान, इज़्ज़त, 3. मूर्खता, अज्ञान, 4. आनन्द, 5. 'आलिम' का बहुवचन, विद्वज्जन, 6. शाश्वतता की कामना, अपने अस्तित्व का लोभ-मोह, 7. नष्ट करना, बरबाद करना।

अब ये है हालत-ए-अहवाल[1] कि इक याद से हम
शाम होती है तो बस रूठ लिया करते हैं

जिसको बरबाद किया उसके फ़िदाकारों[2] ने
हम अब उस शहर की रूदाद[3] सुना करते हैं

शाम हो या कि सहर अब ख़सा-ओ-ख़ाशाक[4] को हम
नज़र-ए-पुरमायगि-ए-जेब-ए-सबा[5] करते हैं

जिनको मुफ़्ती[6] से कुदूरत[7] हो न साक़ी से गिला
वही ख़ुशवक़्त[8] मेरी जान रहा करते हैं

एक पहना-ए-अबस[9] है जिसे आलम[10] कहिए
हो कोई उसका ख़ुदा हम तो दुआ करते हैं

1. स्थिति-परिस्थिति, 2. निछावर होनेवाले, क़ुर्बान होनेवाले, 3. वृत्तान्त, हाल-समाचार, 4. घास-फूस, कूड़ा-करकट, 5. पुरवाई की झोली में तोह्फ़ा, 6. जो फ़त्वा जारी करता हो, 7. मनोमालिन्य, 8. ख़ुशक़िस्मत, भाग्यशाली, 9. व्यर्थ विस्तार, 10. संसार, दुनिया।

कभी-कभी तो बहुत याद आने लगते हो
कि रूठते हो कभी और मनाने लगते हो

गिला तो ये है तुम आते नहीं कभी लेकिन
जब आते भी हो तो फ़ौरन ही जाने लगते हो

ये बात 'जॉन' तुम्हारी मज़ाक़ है कि नहीं
कि जो भी हो उसे तुम आज़माने लगते हो

तुम्हारी शायरी क्या है भला, भला क्या है
तुम अपने दिल की उदासी को गाने लगते हो

सरोद-ए-आतिश-ए-ज़र्रीन-ए-सहन-ए-ख़ामोशी[1]
वो दाग़ है जिसे हर शब जलाने लगते हो

सुना है काहकशानों[2] में रोज़ो-शब ही नहीं
तो फिर तुम अपनी ज़बाँ क्यों जलाने लगते हो

---

1. ख़ामोशी के आँगन में सुनहरी आग का नग़मा, 2. कहकशाएँ, आकाशगंगा।

तुम से जानम आशिक़ी की जाएगी
और हाँ यकबारगी की जाएगी

कर गए हैं कूच इस कूचे के लोग
अब तो बस आवारगी की जाएगी

तुम सरापा हुस्न हो, नेकी हो तुम
यानी अब तुमसे बदी की जाएगी

यार उस दिन को कभी आना नहीं
फूल जिस दिन वो कली की जाएगी

उससे मिलकर बेतरह[1] रोऊँगा मैं
एक तुर्फ़ातर[2] ख़ुशी की जाएगी

है रसाई[3] उस तलक दिल का ज़ियाँ[4]
अब तो याराँ नारसी की जाएगी

---

1. बुरी तरह, बहुत अधिक, 2. अजीबो-ग़रीब, 3. पहुँचना, पहुँच, 4. हानि, नुक़सान।

आज हमको उससे मिलना ही नहीं
आज की बात आज ही की जाएगी

है मुझे अहसास को करना हलाक
यानी अब तो बेहिसी[1] की जाएगी

1. संवेदनहीनता, भावशून्य होना।

हर धड़कन हैजानी[1] थी हर ख़ामोशी तूफ़ानी थी
फिर भी मुहब्बत सिर्फ़ मुसलसल मिलने की आसानी थी

जिस दिन उससे बात हुई थी उस दिन भी बेकैफ़[2] था मैं
जिस दिन उसका ख़त आया है उस दिन भी वीरानी थी

जब उसने मुझसे ये कहा था इश्क़ रिफ़ाक़त[3] ही तो नहीं
तब मैंने हर शख़्स की सूरत मुश्किल से पहचानी थी

जिस दिन वो मिलने आयी है उस दिन की रूदाद[4] ये है
उसका ब्लाउज़ नारंजी[5] था उसकी साड़ी धानी थी

उलझन–सी होने लगती थी मुझको अक्सर और वो यूँ
मेरा मिज़ाज–ए–इश्क़ था शह्‌री उसकी वफ़ा देहक़ानी[6] थी

अब तो उसके बारे में तुम जो चाहो वो कह डालो
वो अँगड़ाई मेरे कमरे तक तो बड़ी रूहानी थी

---

1. अशांत और बेचैन, 2. उदास, निराश, 3. साथ-साथ रहना, संगत, सोहबत, 4. हाल, वृत्तांत, समाचार, 5. नारंगी, 6. गँवारू, गाँव के लोगों जैसा सीधा-सादा स्वभाव।

नाम पे हम क़ुर्बान थे उसके लेकिन फिर ये तौर हुआ
उसको देख के रुक जाना भी सबसे बड़ी क़ुर्बानी थी

मुझसे बिछड़कर भी वो लड़की कितनी ख़ुश–ख़ुश रहती थी
उस लड़की ने मुझसे बिछड़कर मर जाने की ठानी थी

इश्क़ की हालत कुछ भी नहीं थी बात बढ़ाने का फ़न था
लम्हे लाफ़ानी[1] ठहरे थे क़तरों की तुग़्यानी[2] थी

जिसको ख़ुद मैंने भी अपनी रूह का इरफ़ाँ[3] समझा था
वो तो शायद मेरे प्यासे होंठों की शैतानी थी

था 'दरबार–ए–कलाँ'* भी उसका 'नौबतख़ाना'* उसका था
थी मेरे दिल की जो रानी अमरोहे की रानी थी

---

1. अनश्वर, नित्य, 2. बाढ़, सैलाब, 3. ज्ञान, विवेक, ब्रह्म ज्ञान, * अमरोहा के मुहल्लों का नाम।

ग़म है बेमाजरा कई दिन से
जी नहीं लग रहा कई दिन से

बेशमीम-ए-मलाला-ओ-हैराँ[1] है
ख़ैमागाह-ए-सबा[2] कई दिन से

दिल-मुहल्ले की इस गली में भला
क्यों नहीं ग़ुल[3] मचा कई दिन से

वो जो ख़ुश्बू है उसके क़ासिद[4] को
मैं नहीं मिल सका कई दिन से

उससे भी और अपने आप से भी
हम हैं बेवास्ता कई दिन से

---

1. मलाल और हैरानी की महक के बिना, 2. पुरवाई का ख़ैमा या तंबू, 3. शोर, चीख़-पुकार, 4. पत्रवाहक, चिट्ठीरसा।

ख़ुद में गुज़र के थक गया हूँ
मैं काम न करके थक गया हूँ

ऊपर से उतर के ताज़ा दम था
नीचे से उतर के थक गया हूँ

अब तुम भी तो जी के थक रहे हो
अब मैं भी तो मर के थक गया हूँ

मैं यानी अज़ल का आरमीदा
लम्हों में बिखर के थक गया हूँ

अब जान का मेरी जिस्म शल[1] है
मैं ख़ुद से ही डर के थक गया हूँ

---

1. शिथिल, अपाहिज।

है अजब हाल ये ज़माने का
याद भी तौर[1] है भुलाने का

पसन्द आया बहुत हमें पेशा
ख़ुद ही अपने घरों को ढाने का

काश! हमको भी हो नसीब कभी
ऐश दफ़्तर में गुनगुनाने का

आस्मान-ए- ख़मोशि-ए- जावेद[2]
मैं भी अब लब नहीं हिलाने का

जान! क्या अब तेरा पियाल-ए-नाफ़[3]
नश्शा मुझको नहीं पिलाने का

शौक़ है इस दिल-ए-दरिंदा को
आपके होंठ काट खाने का

---

1. ढंग, तरीक़ा, 2. आस्मान की कभी न ख़त्म होनेवाली ख़ामोशी, 3. नाभि रूपी पियाला।

इतना नादिम[1] हुआ हूँ ख़ुद से कि मैं
अब नहीं ख़ुद को आज़माने का

क्या कहूँ जान को बचाने में
'जॉन' ख़तरा है जान जाने का

ये जहाँ 'जॉन'! इक जहन्नुम है
याँ ख़ुदा भी नहीं है आने का

ज़िंदगी एक फ़न है लम्हों का
अपने अंदाज़ से गँवाने का

1. शर्मिंदा, लज्जित।

हिसाबदारि-ए-सूदा-ओ-ज़ियाँ[1] से चल निकलो
मियाँ यहाँ की 'नहीं ' और 'हाँ ' से चल निकलो

मेरी सुनो तो ज़माना-ओ-मकाँ[2] में रहते हुए
ब-सद सलीक़ा[3] ज़माना-ओ-मकाँ से चल निकलो

ये तेरे लोग नहीं हैं, ये तेरा शहर नहीं
ये मश्विरा है मेरा तो यहाँ से चल निकलो

ये जो भी कुछ है नहीं कुछ भी जुज़ फ़रेबाई[4]
यक़ीं को छोड़ दो यानी गुमाँ से चल निकलो

शब-ए-गुज़िश्ता[5] ख़राबातियों[6] में था ये सवाल
कहाँ का रुख़ करो आख़िर कहाँ से चल निकलो

नफ़स-नफ़स[7] है वुजूदा-ओ-अदम[8] में इक पैकार[9]
है मश्विरा ये मेरा दरमियाँ से चल निकलो

---

1. लाभ-हानि का हिसाब-किताब करना, 2. वक़्त और जगह, कुल कायनात, 3. सौ सलीक़े से, 4. फ़रेब के सिवाय, 5. बीती रात, 6. शराबी, मद्यप, 7. साँस-साँस, 8. होना और न होना, अस्तित्व-अनस्तित्व, 9. जंग, युद्ध।

तुझ बदन पर हमने जानें वारियाँ
तुझको तड़पाने की हैं तैयारियाँ

कर रहे हैं याद उसे हम रोज़ा–ओ–शब
हैं भुलाने की उसे तैयारियाँ

था कभी मैं इक हँसी उनके लिए
रो रही हैं अब मुझे मतिमारियाँ[1]

झूठ–सच के खेल में हल्कान[2] हैं
ख़ूब है ये लड़कियाँ बेचारियाँ

शेर तो क्या बात कह सकते नहीं
जो भी नौकर 'जॉन' हैं सरकारियाँ

जो मियाँ जाते हैं दफ़्तर वक़्त पर
उनसे हैं अपनी जुदा दुश्वारियाँ

---

1. जिसकी मति (बुद्धि) मारी गयी हो, 2. परेशान।

हम भला आईन[1] और क़ानून की
कब तलक सहते रहें ग़द्दारियाँ

सुन रखो अय शहरदारो! 'जॉन' की
होने ही वाली हैं नदियाँ जारियाँ

1. विधि-विधान।

दो ग़ज़ला...

हैं सभी से जिनकी गहरी यारियाँ
सुन मियाँ होती हैं उनकी ख़्वारियाँ[1]

है ख़ुशी अय्यारियों[2] का इक समर[3]
ग़म की भी अपनी हैं कुछ अय्यारियाँ

ज़र्रे-ज़र्रे पर न जाने किसलिए
हर नफ़स हैं कहकशाएँ तारियाँ

उसने दिल-धागे हैं डाले पाँव में
ये तो ज़ंजीरें हैं बेहद भारियाँ

तुमको है आदाब का बरसो-जुज़ाम[4]
हैं हमारी और ही बीमारियाँ

---

1. अपमान, बेइज़्ज़ती, 2. भेष बदलना, रूप बदलना, 3. फल, परिणाम, 4. कुष्ठ रोग, सफ़ेद दाग़।

ख़्वाबहा-ए-जाविदानी[1] पर मेरे
चल रही हैं रौशनी की आरियाँ

हैं ये सिन्धी और मुहाजिर[2] हड हराम
क्यों नहीं ये बेचते तरकारियाँ

यार! सोचो तो अजब-सी बात है
उसके पहलू में मेरी क़िलक़ारियाँ

ख़त्म है बस 'जॉन' पर उर्दू-ग़ज़ल
उसने की है ख़ून की गुलकारियाँ[3]

---

1. कभी न ख़त्म होनेवाले ख़्वाब, 2. शरणार्थी, 3. बेलबूटे बनाना।

ख़्वाब के रंग दिलो-जाँ में सजाये भी गए
फिर वही रंग बसद तौर[1] जलाये भी गए

उन्हीं शहरों को शिताबी[2] से लपेटा भी गया
जो अजब शौक़-फ़राख़ी[3] से बिछाये भी गए

बज़्म-ए-शोख़ी का किसी की कहें क्या हाल, जहाँ
दिल जलाए भी गए और बुझाए भी गए

पुश्त[4] मिट्टी से लगी जिसमें हमारे लोगो!
उसी दंगल में हमें दाँव सिखाए भी गए

याद-ए-अय्याम[5] कि इक महफ़िले-जाँ थी कि जहाँ
हाथ खींचे भी गए और मिलाए भी गए

हम कि जिस शहर में थे सोगनशीन-ए-अहवाल[6]
रोज़ उस शहर में हम धूम मचाए भी गए

याद मत रखिएगा रूदाद[7] हमारी हरगिज़
हम थे वो ताजमहल 'जॉन' जो ढाए भी गए

---

1. सौ ढंग से, 2. शीघ्रता, जल्दी, 3. बड़ा शौक़, विस्तृत अभिलाषा या आकांक्षा, 4. पीठ, 5. कालखंड की याद (स्मृति), 6. मृत व्यक्ति के मातम की स्थिति, 7. इतिवृत्त, वृत्तांत।

दिल जो इक जाए[1] थी दुनिया हुई आबाद उसमें
पहले सुनते हैं कि रहती थी कोई याद उसमें

वो जो था अपना गुमान आज बहुत याद आया
थी अजब राहत–ए–आज़ादि–ए–ईजाद उसमें

एक ही तो वो मुहिम थी जिसे सर करना था
मुझे हासिल न किसी की हुई इमदाद[2] उसमें

एक ख़ुश्बू में रही मुझको तलाश–ए–ख़दा–ओ–ख़ाल[3]
रंग–फ़स्लें[4] मेरी यारो! हुईं बर्बाद उसमें

बाग़–ए–जाँ से तू कभी रात गए गुज़रा है
कहते हैं रात में खेले हैं परीज़ाद[5] उसमें

दिल–मुहल्ले में अजब एक क़फ़स[6] था यारो
सैद[7] को छोड़ के रहने लगा सैयाद उसमें

---

1. जगह, 2. मदद, सहयोग, 3. आकार-प्रकार की तलाश, रूप-स्वरूप की खोज, 4. रंग की फ़स्लें, 5. परियों का लड़का, अप्सरा-पुत्र, 6. क़ैद, 7. शिकार, आखेट।

घर से हम घर तलक गए होंगे
अपने ही आप तक गए होंगे

हम जो अब आदमी हैं पहले कभी
जाम होंगे छलक गए होंगे

वो भी अब हमसे थक गया होगा
हम भी अब उससे थक गए होंगे

शब जो हमसे हुआ मुआफ़ करो
नहीं पी थी बहक गए होंगे

कितने ही लोग हिर्स-ए-शोह्रत[1] में
दार[2] पर ख़ुद लटक गए होंगे

शुक्र है उस निगाह-ए-कम[3] का मियाँ
पहले ही हम खटक गए होंगे

---

1. शोह्रत का लोभ-लालच, 2. फाँसी, सूली, 3. तंग नज़रवाला, संकुचित दृष्टिवाला।

हम तो अपनी तलाश में अक्सर
अज़ समा ता समक[1] गए होंगे

उसका लश्कर जहाँ–तहाँ यानी
हम भी बस बेकुमक[2] गए होंगे

'जॉन', अल्लाह और ये आलम
बीच में हम अटक गए होंगे

---

1. धरती से आकाश तक, 2. बिना किसी मदद के।

कोई भी क्यों मुझसे शर्मिंदा हुआ
मैं हूँ अपने तौर का हारा हुआ

दिल में है मेरे कई चेहरों की याद
जानिए मैं किससे हूँ रूठा हुआ

शहर में आया हूँ अपने आज शाम
इक सराये में हूँ मैं ठहरा हुआ

बेताल्लुक़ हूँ अब अपने दिल से भी
मैं अजब आलम में बेदुनिया हुआ

है अजब इक तीरगी-दर-तीरगी[1]
कहकशानों[2] में हूँ मैं लिपटा हुआ

माल बाज़ार-ए-ज़मीं का था मैं 'जॉन'
आसमानों में मेरा सौदा हुआ

अब है मेरा कर्ब-ए-ज़ात[3] आसाँ बहुत
अब तो मैं उसको भी हूँ भूला हुआ

---

1. अँधेरा-ही-अँधेरा, 2. सितारों का समूह, आकाशगंगा, 3. अपने होने की पीड़ा, अपनी पीड़ा।

कर लिया ख़ुद को जो तन्हा मैंने
ये हुनर किसको दिखाया मैंने

वो जो था उसको मिला क्या मुझसे
उसको तो ख़्वाब ही समझा मैंने

दिल जलाना कोई हासिल तो न था
आख़िर–ए–कार किया क्या मैंने

देखकर उसको हुआ मस्त ऐसा
फिर कभी उसको न देखा मैंने

इक पलक तुझसे गुज़रकर, ताउम्र
ख़ुद तेरा वक़्त गुज़ारा मैंने

अब खड़ा सोच रहा हूँ लोगो!
क्यों किया तुमको इकट्ठा मैंने

वो अहल-ए-हाल[1] जो ख़ुदरफ़्तगी[2] में आए थे
बला की हालत-ए-शोरीदगी[3] में आए थे

कहाँ गए कभी उनकी ख़बर तो ले ज़ालिम
वो बेख़बर जो तेरी ज़िंदगी में आए थे

गली में अपनी गिला कर हमारे आने का
कि हम ख़ुशी में नहीं सरख़ुशी[4] में आए थे

कहाँ चले गए अय फ़स्ल-ए-रंगा-ओ-बू! वो लोग
जो ज़र्द-ज़र्द[5] थे और सब्ज़गी[6] में आए थे

नहीं है जिनके सबब[7] अपनी जाँबरी[8] मुमकिन
वो ज़ख़्म हमको गुज़िश्ता[9] सदी में आए थे

तुम्हें हमारी कमी का ख़याल क्यों आता
हज़ार हैफ़[10] हम अपनी कमी में आये थे

---

1. झूमते लोग, मदमस्त लोग, 2. जो अपने आप में न हो, निश्चेष्टता, 3. दीवानगी या आतुरता की हालत, 4. हल्का नशा, 5. पीले-पीले, 6. हरियाली, 7. कारण, वजह, 8. प्राण बच जाना, जीवित रह जाना, 9. पिछली, बीती हुई, 10. अफ़सोस।

मैं दिल की शराब पी रहा हूँ
पहलू का अज़ाब[1] पी रहा हूँ

मैं अपने ख़राब-ए-अबस[2] में
बेतरह[3] ख़राब पी रहा हूँ

है मेरा हिसाब बेहिसाबी
दरिया में सराब[4] पी रहा हूँ

हैं सोख़्ता[5] मेरे चश्म-ओ-मिज़्गाँ[6]
मैं शोल-ए-ख़्वाब पी रहा हूँ

दाँतों में है मेरे शहरग-ए-जाँ[7]
मैं ख़ून-ए-शबाब पी रहा हूँ

मैं अपने जिगर का ख़ून करके
अय यार शिताब[8] पी रहा हूँ

---

1. पीड़ा, कष्ट, 2. व्यर्थ का निर्जन स्थान, शत्रु शासक का देश, 3. बहुत अधिक, 4. मृगतृष्णा, 5. जला हुआ, दग्ध, 6. आँख और पलकें, 7. शरीर की सबसे बड़ी रग(नस) जो हृदय में जाकर मिलती है, 8. शीघ्र, जल्दी।

मैं शोला-ए-लब से करके सैयाल[1]
ताऊस-ओ-रबाब[2] पी रहा हूँ

वो लब हैं बला के ज़हरआगीं[3]
मैं जिनका लुआब[4] पी रहा हूँ

1. द्रव, तरल पदार्थ, 2. सारंगी और रबाब, 3. विषैला, ज़ह्‌रीला, 4. राल, लस, लसदार दवाओं का गाढ़ा पानी।

आप अपना ग़ुबार थे हम तो
याद थे यादगार थे हम तो

पर्दगी! हमसे क्यों रखा परदा
तेरे ही परदादार थे हम तो

वक़्त की धूप में तुम्हारे लिए
शजर-ए-सायादार[1] थे हम तो

उड़े जाते हैं धूल के मानंद
आँधियों पर सवार थे हम तो

हमने क्यों ख़ुद पे एतबार किया
सख़्त बेएतबार थे हम तो

शर्म है अपनी बार-बारी की
बेसबब बार-बार थे हम तो

क्यों हमें कर दिया गया मजबूर
ख़ुद ही बेइख़्तियार थे हम तो

---

1. छायादार वृक्ष।

तुमने कैसे भुला दिया हमको
तुमसे ही मुस्तेआर[1] थे हम तो

ख़ुश न आया हमें जिये जाना
लम्हे-लम्हे पे बार थे हम तो

सह भी लेते हमारे तानों[2] को
जानेमन जाँ-निसार[3] थे हम तो

ख़ुद को दौरान-ए-हाल में अपने
बेतरह[4] नागवार थे हम तो

तुमने हमको भी कर दिया बर्बाद
नादिर-ए-रोज़गार[5] थे हम तो

हमको यारों ने याद भी न रखा
'जॉन' यारों के यार थे हम तो

---

1. कुछ दिन के लिए माँगी हुई वस्तु, उधार की वस्तु, 2. व्यंग्य, कटाक्ष, गिला, 3. प्राण निछावर करनेवाला, 4. बुरी तरह, बहुत अधिक, 5. दुनिया भर में सबसे श्रेष्ठ।

बेइन्तिहाई-शेवा[1] हमारा सदा से है
इकदम से भूलना उसे फिर इब्तिदा से है

ये शाम जाने कितने ही रिश्तों की शाम हो
इक हुज़्न[2] दिल में निकहत-ए-मौज-ए-सबा[3] से है

दस्त-ए-शजर की तोहफ़ा-रसानी[4] है ता-ब-दिल
इस दम है जो भी दिल में मेरे वो हवा से है

जैसे कोई चला भी गया हो और आए भी
एहसास मुझको कुछ यही होता फ़ज़ा से है

दिल की सहूलतें हैं अजब, मुश्किलें अजब
नाआश्नाई-सी[5] अजब इक आश्ना[6] से है

इसमें कोई गिला ही रवा है न गुफ़्तगू
जो भी यहाँ किसी का सुख़न[7] है वो जा से है

आये वो किस हुनर से लबों पर कि मुझमें 'जॉन'
इक ख़ामुशी है जो मेरे शोर-ए-नवा[8] से है

---

1. अति कर देने का ढंग, अति कर देना, अतिवादिता, 2. दुख, खेद, संताप, 3. पुरवाई की महक, 4. तोह्फ़ा पहुँचाना या देना, 5. अजनबीपन, अपरिचित-सा, 6. परिचित, 7. शायरी, बातचीत, 8. गाने का शोर, स्वर या आवाज़ का शोर।

जब तेरी ख़्वाहिश के बादल छँट गए
हम भी अपने सामने से हट गए

रंग-ए-सरशारी[1] की थी जिनसे रसद[2]
दिल की उन फ़स्लों के जंगल कट गए

इक चराग़ाँ है हरम[3] में दैर[4] में
जश्न उसका है दिल-ओ-जाँ बट गए

शहर-ए-दिल और शहर-ए-दुनिया अलविदा
हम तो दोनों ही तरफ़ से कट गए

हो गया सकता[5] ख़िरदमन्दों[6] को जब
मात खाते ही दिवाने डट गए

चाँद-सूरज* के अलम[7] और वापसी
वो हुआ मातम कि सीने फट गए

क्या बताएँ कितने शर्मिंदा हैं हम
तुझसे मिलकर और भी हम घट गए

---

1. मस्त रंग, परिपूर्ण रंग, 2. सामग्री, आपूर्ति, 3. काबा, ख़ुदा का घर, 4. बुतख़ाना, मंदिर, ईसाइयों का गिरजाघर, 5. मूर्च्छा, निष्प्राण, 6. अक़्लमंद। * शह्रे-अमरोहा के मुहल्ला क़ाज़ीज़ादा की ख़ास इमाम बारगाह जिसको आम लोग चाँद-सूरज का इमामबाड़ा कहते थे। आठवीं मुहर्रम को हफ़्ता भर मुख़्तलिफ़ इमामबाड़ों से उठनेवाले अलमों का मज्मूई जुलूस चाँद-सूरज की इमाम बारगाह से उठाया जाता था। तमाम शह्र में गश्त के बाद शाम को मातमदार वापस आकर बड़े जोशो-ख़रोश से सीना ज़नी करते थे। यही जुलूस कराची में आठवीं मुहर्रम को उठाया जाता है, 7. ध्वजा, पताका।

वो जो अपने मकान छोड़ गए
कैसे दुनिया जहान छोड़ गए

ऐ ज़मीन-ए-विसाल लोग तेरे
हिज्र का आसमान छोड़ गए

तेरे कूचे के रुख़्सती[1] जानाँ
सारी दुनिया का ध्यान छोड़ गए

रोज़-ए-मैदाँ वो तेरे तीरंदाज़
तीर लेकर कमान छोड़ गए

'जॉन' लालच में आन-बान की यार
अपनी सब आन-बान छोड़ गए

1. रुख़्सत होने वाले।

आदमी वक़्त पर गया होगा
वक़्त पहले गुज़र गया होगा

वो हमारी तरफ़ न देख के भी
कोई एहसान धर गया होगा

ख़ुद से मायूस होके बैठा हूँ
आज हर शख़्स मर गया होगा

शाम तेरे दयार में आख़िर
कोई तो अपने घर गया होगा

मरहम-ए-हिज्र था अजब इक्सीर[1]
अब तो हर ज़ख़्म भर गया होगा

---

1. निहायत फ़ायदेमन्द रसायन, लाज़िमी असर करनेवाली दवा, अचूक-अमोघ औषधि।

मुझको शब-ए-वुजूद में ताबिश-ए-ख़्वाब[1] चाहिए
शौक़-ए-ख़याल ताज़ा है यानी अज़ाब[2] चाहिए

आज शिकस्त-ए-ज़ात की शाम है मुझको आज शाम
सिर्फ़ शराब चाहिए, सिर्फ़ शराब चाहिए

कुछ भी नहीं है ज़ेहन में कुछ भी नहीं सो अब मुझे
कोई सवाल चाहिए, कोई जवाब चाहिए

उससे निभेगा रिश्त-ए-सूद-ओ-ज़ियाँ[3] भी क्या भला
मैं हूँ बला का बदहिसाब उसको हिसाब चाहिए

अम्न-ओ-अमान-ए-शहर-ए-दिल[4], ख़्वाबो-खयाल है अभी
यानी कि शहर-ए-दिल का हाल और ख़राब चाहिए

जान-ए-गुमाँ हमें तो तुम सिर्फ़ गुमान में रखो
तिश्नालबी[5] को हर नफ़स[6] कोई सराब[7] चाहिए

खुल तो गया है दिल में इक मक्तब-ए-हसरत-ओ-उमीद[8]
'जॉन' अब उसके वास्ते कोई निसाब[9] चाहिए

---

1. ख़्वाब की रौशनी, ख़्वाब की चमक-चमक, 2. पीड़ा, कष्ट, 3. लाभ-हानि का संबंध, 4. दिल के शह्र की शांति-सुकून, 5. प्यास, तृष्णा, 6. क्षण, पल, 7. मृगतृष्णा, 8. हसरत और उम्मीद की पाठशाला, 9. पाठ्यक्रम, सबक़।

किसी हाल में नहीं हूँ कोई हाल अब नहीं है
जो गयी पलक तलक था वो ख़याल अब नहीं है

मैं सुकून पा सकूँगा ये गुमाँ भी क्यों किया था
है यही मलाल क्या कम कि मलाल अब नहीं है

न रहे अब उसके दिल में ख़लिश-ए-शिकस्त-ए-वादा[1]
कि यहाँ कोई हिसाब-ए-मह-ओ-साल अब नहीं है

ये दयार-ए-दीद क्या है गए दश्ते-दिल से भी हम
कि ख़ुतन[2] ज़मीन में भी वो ग़ज़ाल[3] अब नहीं है

जो लिए-लिए फिरी है तुझे रोज़ इक नगर में
मेरे दिल तेरे नगर में वो मिसाल अब नहीं है

लब-ए-पुरसवाल ले के हमें कू-ब-कू[4] है, फिरना
हो कोई जवाब-बर-लब ये सवाल अब नहीं है

---

1. वादा टूट जाने का दुख या मलाल, 2. चीन का एक नगर जहाँ की कस्तूरी प्रसिद्ध है, 3. हिरन का बच्चा, मृगशावक, 4. गली-गली।

होने का धोखा ही था
जो कुछ था वो था ही था

अब मैं शायद तह में हूँ
पर वो क्या दरिया ही था

बूद[1] मेरी ऐसी बिखरी
बस मैंने सोचा ही था

भूलने बैठा था मैं उसे
चाँद अभी निकला ही था

हमको सनम[2] ने ख़्वार[3] किया
वरना ख़ुदा अच्छा ही था

कैसा अज़ल[4] और कैसा अबद[5]
जिस दम था लम्हा ही था

---

1. हस्ती, अस्तित्व, 2. बुत, मूर्ति, प्रेयसी, 3. अपमानित, तिरस्कृत, 4. अनादि, 5. अनन्त।

दिल जो है आग लगा दूँ उसको
और फिर ख़ुद ही हवा दूँ उसको

जो भी है उसको गँवा बैठा है
मैं भला कैसे गँवा दूँ उसको

तुझ गुमाँ पर जो इमारत की थी
सोचता हूँ कि मैं ढा दूँ उसको

जिस्म में आग लगा दूँ उसके
और फिर ख़ुद ही बुझा दूँ

हिज्र की नज़्र[1] तो देनी है उसे
सोचता हूँ कि भुला दूँ उसको

जो नहीं है मेरे दिल की दुनिया
क्यों न मैं 'जॉन' मिटा दूँ उसको

---

1. समर्पित करना, उपहार स्वरूप या बतौर तोहफ़ा देना।

रास आ नहीं सका कोई पैमान[1] अलविदा
तू मेरी जान-ए-जाँ सो मेरी जान अलविदा

मैं तेरे साथ बुझ न सका हद गुज़र गई
अय शम्अ मैं हूँ तुझसे पशेमान[2] अलविदा

इक रूद-ए-नाशनास[3] में है डूबना मुझे
सो अय कनार-ए-रूद, बियाबान अलविदा

ख़ुद अपनी इक मता-ए-ज़बूँ[4] रह गया हूँ मैं
सो अलविदा, ऐ मेरे सामान अलविदा

सहना तो इक सज़ा थी मुराद-ए-मुहाल[5] की
अब हम न मिल सकेंगे, मियाँ जान अलविदा

ऐ शामगाह-ए-सहन-ए-मलाल-ए-हमेशगी[6]!
क्या जाने क्या थी तेरी हर इक आन[7] अलविदा

किस-किस को है इलाक़ा[8] यहाँ अपने ग़ैर से
इंसान हूँ मैं, तू भी है इंसान अलविदा

---

1. वादा, क़सम, 2. शर्मिन्दा, 3. अंजानी-अज्ञात नहर, 4. बरबाद पूँजी, ख़राब सामान, अपमानित-तिरस्कृत व्यक्ति, 5. दुष्कर कामना, मुश्किल ख़्वाहिश, 6. हमेशा शाम को आँगन में रहनेवाला मलाल, 7. ज़िद, हठ, 8. ताल्लुक़, लगाव।

निस्बत किसी भी शय से किसी शय को याँ नहीं
है दिल का ज़र्रा-ज़र्रा परेशान अलविदा

रिश्ता मेरा कोई भी ‘अलिफ़’, ‘बे’[1] से अब नहीं
‘अमरोहा’ अलविदा सो ऐ ‘बान’ अलविदा[2]

अब मैं नहीं रहा हूँ किसी भी गुमान का
अय मेरे कुफ्र, ऐ मेरे ईमान अलविदा

---

1. ‘अलिफ़’(अ) से मातृभूमि ‘अमरोहा’ और ‘बे’(ब) से ‘बान’ जो कि अमरोहा की एक नदी है।

नज़्में

मज़ाक़

थी गर आने में मस्लेहत हाइल
याद आना कोई ज़रूरी था
देखिए हो गयी ग़लतफ़हमी
मुस्कुराना कोई ज़रूरी था
लीजिए बात ही न याद रही
गुनगुनाना कोई ज़रूरी था
गुनगुनाकर मेरी जवाँ ग़ज़लें
झूम जाना कोई ज़रूरी था
मुझको पाकर किसी ख़याल में गुम
छुप के आना कोई ज़रूरी था
उफ़ वो ज़ुल्फ़ें, वो नागिनें, वो हँसी
यूँ डराना कोई ज़रूरी था
और ऐसे अहम मज़ाक़ के बाद
रूठ जाना कोई ज़रूरी था

तम्सील

पहला मंज़र

मैं लम्हों का गदागर था
तुम्हारे जावेदाँ अफ़रोज़ लम्हों की पज़ीरश का गदागर था
सरासर इक गदागर
एक बेकश्कोलो-ओ-कासा एक बेकूचा बकूचा
बेसदा-ओ-बेदुआ अज़ ख़ुद गुज़िश्ता इक गदागर था
जो गुमान-ए-पुरसर-ओ-सौदा के जाँ-परवर सुराग़-ए-आरज़ू-आगीं में
रफ़्ता और आइंदा के ख़्वाबों की गदाई-पेशा करता था
ख़यालों को नफ़स बूदश ख़यालों को अबद अंदेशा करता था
ये इक तम्सील थी बेसहना तम्सील
और जो कुछ था यही था बस यही कुछ था

दूसरा मंज़र

फिर उसके बाद जानाना
तुम्हारी जाविदाना आरज़ू के बाज़ुवान-ए-मरमरीं
मेरे, मेरे आग़ोश के मर्ग-ए-सफ़ेद-ए-बेफ़ुग़ाँ में
मेरी दिलजू ज़िंदगी थे अर्ज़ुमंदी थे
मैं जिनमें ख़ुर्रम-ओ-ख़ुर सनद रहता था
ये मेरी दम-ब-दम की ज़िंदगी की सहनाताबी थी
मेरी हर आरज़ू पहलू-ब-पहलू सब्ज़ा-गूँ थी और शहाबी थी

तीसरा मंज़र

फिर उसके बाद के मंज़र में
(यानी इस घड़ी)
जो पेश आया है वो कुछ यूँ है कि मैं तुममें
तुम्हारे जाँ-फ़ज़ा आग़ोश की नज़दीकतर ख़ुशबूई में
और उसके गिर्दागिर्द में दम तोड़ देता हूँ
फिर उसके बाद ज़िंदा होके उठता हूँ
क़यामत की हँसी हँसता हूँ
फिर सकते में रह जाता हूँ
आख़िर इक निहायत ख़न्दा-आवर गिरिया करता हूँ

तुम्हारे और मेरे दरमियाँ

तुम्हारे और मेरे दरमियाँ इक बात होना थी
बला का दिन निकलना था, बला की रात होना थी
बला का दिन भी निकला और बला की रात भी गुज़री
अज़ाब-ए-ज़ात भी गुज़रा फ़ना-ए-जात भी गुज़री

मगर मालूम-नामालूम में जाने न जाने क्यों
तुम्हारे और मेरे दरमियाँ वो बात जानम जाँ
किसी सूरत न हो पायी, किसी सूरत न हो पाई
मेरे दिल और मेरी जान के गुज़रे ज़माने क्यों
तुम्हारे और मेरे दरमियाँ इक बात होना थी

अंगारे

तुम ?
तुम्हारा नाम ?
लेकिन मैंने ये नाम आज पहली बार तुमसे ही सुना है
कौन हो तुम ?
कौन थीं तुम ?
अब रहा मैं यानी मैं
मैं तो कभी था ही नहीं
था ही नहीं मैं
और सारे काग़ज़ों पर सिर्फ़ अंगारे लिखे हैं
सिर्फ़ अंगारे

शंकर जी

दुख है और मैं हूँ
मैं हूँ और दुख हैं
क़ातिलतर सुख हैं
शंकर जी, गूँगे शंकर जी
होंठ मेरे कुख हैं
मैं हूँ और दुख है

ज़हर-ए-नाब का दिन

जावेद 'मानी' की वफ़ात पर

हमसे बेवास्ता नहीं है वो
वो यहीं था, यहीं कहीं है वो
कर गया है वो रम किसी जानिब
इक ग़ज़ाल-ए-ग़ज़ल-ज़मीं है वो
मेरा जावेद, मानी जावेद
ख़ुद भी इक शेर-ए-दिलनशीं है वो
मैं हूँ अपना हरीफ़-ए-सख़्त कमाँ
रोज़-ए-हैजा मेरी कमी है वो
दरशब-ए-कूच यार-ए-मन-अफ़रोख़्त
कि मेरा सालिक-ए-गज़ीं है वो
आख़िरश मेरा ही तो है शार्गिद
सब जहाँ हैं वहीं नहीं है वो
कैसे मैं सह सकूँगा हिज्र उसका
कि मेरा नाज़-ओ-नाज़नीं है वो
ख़ाक गंजीन-ए-ज़मीं हो ख़ाक
ज़ेर-ए-गंजीन-ए-ज़मीं है वो

ग़म मैं ग़ालिब का सह रहा हूँ आज
आज आरिफ़ का हमनशीन है वो
अब ज़मींबोस आस्ताँ हूँ मैं
आस्माँ मर्तबा जबीं है वो
उसने मारा है अपने मुर्शिद को
किस बला का जहन्नुमीं है वो
अब रगों में मेरी बचा है जो ख़ूँ
माल-ए-मिज़्गाँ-ओ-आस्तीं है वो
पड़ गया चैन, दिल हुआ यकसू
वो जो था अब कहीं नहीं है वो
नालाहा, शोरहा, तपीदन हा
मेरे होते कफ़नगज़ीं है वो
आज का दिन नहीं शराब का दिन
आज है 'जॉन' ज़हरे-नाब का दिन

पहना, दराज़ा और ज़रफ़ा

फ़ज़ा-ए-नीलगूने आस्माँ है और मैं हूँ
और वो सब कुछ नहीं है जो कभी था
और वो जो हो भी सकता था मगर एक वहम ही था
और अब तो ख़ुद से इक बेगानावारी है
बला की दम-गुज़ारी है
कि बूदश ज़ख़्मे-कारी है

मैं ख़ुद से सर ज़नंदा हूँ
मैं जाँ बरकफ़ निहिंदा हूँ
मैं ख़ुद अपना कुशंदा हूँ
सो अब मैं ख़ून थूकूँगा
अजब इक शंगरफ़ी-सी क़ै करूँगा

क्या हालत आज की है
आज की ?
मेरा गुमाँ ये है
ये हालत आज की हर्गिज़ नहीं है

ये तो मेरे बातिन-ए-बातिन
ये मेरे कामन-ए-कामन के जब्र-ए-सरमदी का

एक हाल-ए-जाबिराना है
यही मेरा ज़माना था यही मेरा ज़माना है

मेरे हमज़ाद-ए-कर्ब उफ़्ताद ने
सैर-ओ-सफ़र दर्ज़-ए-हलाकत-ज़ाद ने
नशियान ने, शैतान ने मुझको बताया है
कि मैं उस रायगाँ की शशज़ेहत में मरके आया था
कि मैं तावान-ए-हस्ती भरके आया था

यहाँ कोई हक़ीक़त भी नहीं है और फ़साना भी
जो कुछ है वो पहना है, गुमाँ का एक पहना है
दराज़ा और ज़रफ़ा है
वो याक़ूब-ए-सरासर दास्ताँ का सिर्फ़ यहवा है

सो बूदश और उसका ज़ख़्म-ए-कारी क्या
गुमान-ए-सद अज़ाब-ए-ज़ात की लम्हा-शुमारी क्या

तुम मुझे बताओ तो...

तुमने मुझको लिक्खा है, मेरे ख़त जला दीजे
मुझको फ़िक्र रहती है आप इन्हें गँवा दीजे
आप का कोई साथी देख ले तो क्या होगा
देखिए मैं कहती हूँ ये बहुत बुरा होगा

मैं भी कुछ कहूँ तुमसे अय मेरी फ़रोज़ीना!
रश्के-सर्वे-सीमीना
अय ब-नाज़ुकी मीना
अय बजल्वा आईना
मैं तुम्हारे हर ख़त को लौह-ए-दिल समझता हूँ
लौह-ए-दिल जला दूँ क्या
सतर-सतर है उनकी, कहकशाँ ख़यालों की
कहकशाँ लुटा दूँ क्या
जो भी हर्फ़ है उनका, नक़्श-ए-जान-ए-शीरीं है
नक़्श-ए-जाँ मिटा दूँ क्या
उनका जो भी नुक़्ता है, है सवाद-ए-बीनाई
मैं उन्हें गँवा दूँ क्या

लौह-ए-दिल जला दूँ क्या
कहकशाँ लुटा दूँ क्या
नक़्श-ए-जाँ मिटा दूँ क्या

मुझको ऐसे ख़त लिखकर अपनी सोच में शायद
जुर्म कर गई हो तुम
और ख़याल आने पर उससे डर गयी हो तुम
जुर्म के तसव्वुर में गर ये ख़त लिखे तुमने
फिर तो मेरी राय में जुर्म ही किए तुमने
अय मेरी फ़रोज़ीना!
दिल की जान-ए-जरींना!
रंग-रंग रंगीना!
बात जो है वो क्या है
तुम मुझे बताओ तो...
मैं तुम्हें नहीं समझा
तुम समझ में आओ तो
जुर्म क्यों किये तुमने
ख़त ही क्यों लिखे तुमने

बेसाज़ो-ओ-सामाँ

हक़ीक़त मुझको रास आती नहीं है
ग़ज़ाला! तुम फ़क़त इक ख़्वाब हो क्या
तुम्हारी जाविदाना जुस्तजू है
मेरी जाँ! तुम जो हो नायाब हो क्या
सरापा सहर, यकसर बेनियाज़ी
तुम इक आहंग-ए-बेमिज़्राब हो क्या

मेरी ज़ैबुन्निसा-ए-शेर हो तुम
तुम्हारा सहर मेरी शायरी है
तुम्हारी आरज़ू-ए-जावेदाना
जमाल-ए-जाविदाने-ज़िंदगी है
तुम्हें देखा है पर देखा नहीं है
तुम्हारे ख़्वाब को सजदे किए हैं
तुम्हारे हिज्र-ए-बेवादा में मैंने
तुम्हारी याद के बोसे लिए है
बदन हो तुम ख़याले-ए-जाविदाँ का

बदन को पैरहन भी चाहिए है
शमीम-ए-जाँ नवाज़-ए-यासमन को
निहाल-ए-यासमन भी चाहिए है
नज़र है ख़्वाब की बेसाज़ो-सामाँ
नज़र को भी तो कुछ बख़्शो मेरी जाँ!

फ़ारेहा

तुम जो मेरी जान-ए-जाँ थीं फ़ारेहा
कौन थीं तुम और कहाँ थीं फ़ारेहा
हूँ मैं अब और इक जहान-ए-नाशनास
तुम ही बस मेरा जहाँ थीं फ़ारेहा
क्या हुआ वो रूदे-ख़्वाब-ए-जाँ कि तुम
जिसमें दस्त-ओ-पा-ज़नाँ थीं फ़ारेहा
मैं ग़रीके-रूद-ए-ज़हर-ए-नाब हूँ
तुम जो थीं नोशी ज़बाँ थीं फ़ारेहा
और कह सकता हूँ क्या मैं यानी मैं
तुम ज़मीन-ओ-आस्माँ थीं फ़ारेहा
अब तो हूँ मैं इक ख़िज़ाँ अंदर ख़िज़ाँ
तुम बहार-ए-बेख़िज़ाँ थीं फ़ारेहा
अब मैं हूँ ख़ाना-बदोश और तुम मेरा
इक मकान-ए-जाविदाँ थीं फ़ारेहा
मैं था मीर-ए-दास्ताँ यानी कि तुम
दास्तान-ए-दास्ताँ थीं फ़ारेहा
क्या भला मेरा वजूद और क्या अदम

तुम 'नहीं' थीं और 'हाँ' थीं फ़ारेहा
हाँ मैं शायद था बहुत ना-मेहरबाँ
तुम बला की मेहरबाँ थीं फ़ारेहा
थी वो अपनी दरमियानी भी अजीब
यानी तुम ना-दरमियाँ थीं फ़ारेहा
क्यों न थूका जाय अब ख़ून-ए-जिगर
यानी तुम मेरा ज़ियाँ थीं फ़ारेहा
हाय वो बाद-ए-बरीन-ए-सब्ज़ कूक
पर तुम इक रूद-ए-दुखाँ थीं फ़ारेहा
कैसी ख़ुशबीनी ख़ुश-उमीदी कहाँ
तुम तो हश्र-ए-बेअमाँ थीं फ़ारेहा
कुछ नहीं थीं तुम नहीं थीं कुछ भीं तुम
पर मेरा हिन्दोस्ताँ थीं फ़ारेहा
मुझ तक आयीं जाने कितनी कस्बियाँ
तुम ही शहबानू-ए-जाँ थीं फ़ारेहा
सब कनीज़ें थीं तुम्हारी जान-ए-मन
तुम मेरी नूर-ए-जहाँ थीं फ़ारेहा
जो बदल ठहरीं तुम्हारा वो सभी
कितनी घटिया लड़कियाँ थीं फ़ारेहा
मैं जो हूँ अब मैं हूँ बेनाम-ओ-निशाँ
तुम मेरा-नाम-ओ-निशाँ थीं फ़ारेहा
एक दिल था जो कि था और एक जाँ
और तुम उनके दरमियाँ थीं फ़ारेहा

मैं तुम्हीं में ठोकरें खाता रहा
क्यों तुम इतनी मेहरबाँ थीं फ़ारेहा
इक जहान-ए-बेजहान-ए-ख़्वाब था
और तुम उसका आस्माँ थीं फ़ारेहा
मैंने तुमको अपने दिल का घर दिया
तुम जो थीं बेख़ानमाँ थीं फ़ारेहा
शिकवा-हा, शोरीदगी-हा, शोर-हा
तुम बहुत कमतर गुमाँ थीं फ़ारेहा

अब मुझे आज़ाद कर दो, छोड़ दो
जान-ओ-दिल के सारे रिश्ते तोड़ दो
जब कोई मंज़िल नहीं मेरी तो फिर
रुख़ किसी जानिब भी मेरा मोड़ दो

कुछ नहीं था क्या हक़ीक़त का ख़याल
सिर्फ़ अफ़्साने थे मुमकिन और मुहाल
इक अबस में ख़ून-ए-दिल थूका गया
कोई भी हालत नहीं थी और हाल

इक गुमान-ए-बेगुमाँ है ज़िंदगी
दास्ताँ की दास्ताँ है ज़िंदगी
दम-ब-दम है इक फ़िराक़-ए-जाविदाँ
इक जबीं बेआस्ताँ है ज़िंदगी

कहकशाँ बर कहकशाँ है इक गुरेज़
बूद-ए-बेसूद-ओ-ज़ियाँ है ज़िंदगी
है मेरी तीरानिगाही इक तलाश
तुम कहाँ हो और कहाँ है ज़िंदगी

दिल था दरहम और बरहम रायगाँ
थे तुम्हारी ज़ुल्फ़ के ख़म रायगाँ
अपनी सारी आरज़ूएँ थीं फ़रेब
अपने ख़्वाबों का था आलम रायगाँ
'जॉन' शायद कुछ नहीं कुछ भी नहीं
है दवाम इक वहम और दम रायगाँ
ज़िंदगी बस रायगानी ही तो है
मैं बहुत ख़ुश हूँ कि थे हम रायगाँ
हम रसा और नारसा कुछ भी न थे
यानी 'जॉन'-ओ-फ़ारेहा कुछ भी न थे

क़त'आत

(मुक्तक)

क्या हो गईं अपनी वादागाहें
हर चीज़ बदल गई यहाँ तो
मैं शहर-ए-वफ़ा से आ रहा हूँ
कोई भी नहीं मिला वहाँ तो

बात ही कब किसी की मानी है
अपनी हठ पूरी करके छोड़ोगी
ये कलाई, ये जिस्म और ये कमर
तुम सुराही ज़रूर तोड़ोगी

अजब था उसकी दिलदारी का अंदाज़
वो बरसों बाद जब मुझसे मिला है
भला मैं पूछता उससे तो कैसे
मताए-जाँ तुम्हारा नाम क्या है

नश्श-ए-नाज़ ने बेहाल किया है तुमको
अपने ही ज़ोर में कमज़ोर हुई जाती हो
मैं कोई आग नहीं, आँच नहीं, धूप नहीं
क्यों पसीने में शराबोर हुई जाती हो

लहू रोते न अगर हम दम-ए-रुख़्सत याराँ
क्या अजब था जो कोई और तमाशा करते
चलो अच्छा है कि वो भी नहीं नज़्दीक अपने
वो जो होता तो उसे भी न गवारा करते

तेरी यादों के रास्ते की तरफ़
इक क़दम भी नहीं बढ़ूँगा मैं
दिल तड़पता है तेरे ख़त पढ़कर
अब तेरे ख़त नहीं पढ़ूँगा मैं

डॉ. कुमार विश्वास पश्चिमी उत्तर प्रदेश के ग़ाज़ियाबाद ज़िले में, 10 फ़रवरी 1970 को वसन्त पंचमी के दिन जन्म हुआ।

कलावादी माँ का लयात्मक लोकज्ञान व प्राध्यापक पिता का भावात्मक अनुशासन साथ-साथ मिले। इंजीनियरिंग से लेकर प्रादेशिक सेवा तक और कामू से लेकर कामशास्त्र तक, थोक में भटके, पर अटके सिर्फ़ साहित्य पर।

आईआईटी से लेकर आईटीआई तक और कुलपतियों से लेकर कुलियों तक, उनके चाहने वालों की फ़ेहरिस्त भारत की लोकतान्त्रिक समस्याओं जैसी विविध व अन्तहीन है। वे टीवी की रंगीन स्क्रीन से लेकर एफएम रेडियो के माइक्रो स्पीकर तक हर जगह सुनाई-दिखाई देते हैं। करोड़ों युवा उनसे प्रेरणा पाते हैं और साहित्य को विस्तार देने के सुपथ पर बढ़ते हैं।

अब तक आपकी तीन पुस्तकें प्रकाशित हुई हैं—*इक पगली लड़की के बिन* (1996), *कोई दीवाना कहता है* (2007) और *फिर मेरी याद* (2019)।